Let's
Talk Talk 엄마표
생활영어

# Let's Talk Talk 엄마표 생활영어

유명현 · 박원주 지음

BM (주)도서출판 성안당

### 왜 이 책을 썼나요?

부모님들, 자녀의 영어 교육에 관심이 참 많으시죠? 우리 아이가 살아갈 미래의 세상에서는 온·오프라인을 막론하고 국제 교류가 더 활발해질 것이므로 세계 공통어인 영어는 선택이 아니라 필수가 될 것입니다. 그래서인지 아이들 영어 교육을 위한 프로그램이나 방법들이 다양하게 나와 있고 날이 갈수록 진화하고 있어요. 그중에서도 엄마가 아이와 함께 영어 공부를 하거나 자녀의 영어 학습을 관리하는 '엄마표 영어'가 많은 주목을 받고 있습니다.

엄마표 영어는 우리 아이가 모국어를 습득하듯이 자연스럽게 영어를 배워서 자유롭게 구사하게 되는 것을 목표로 합니다. 우리 아이가 주눅 들지 않고 자유자재로 영어를 구사하는 것이야말로 엄마표 영어를 시도하는 엄마들의 공통된 바람일 것입니다. 그런데 엄마표 영어의 최종 목적지는 자유로운 영어 구사 능력을 갖추는 데 있지만, 실제로는 엄마표 영어의 진행 과정 대부분이 읽기와 듣기에만 편중되어 있고 영어를 구사하는 말하기 연습은 빠져 있어요. 물론 이론상으로는 듣기와 읽기 훈련을 통해 말하기와 쓰기 능력도 기를 수는 있지만, 영어 말하기도 자전거 타기나 수영처럼 반복적으로 연습해서 숙련되는 과정이 필요합니다. 다시 말해서 엄마표 영어가 듣기와 읽기에 국한되지 않고 말하기도 함께 이뤄져야 균형 잡힌 영어로 발전할 수 있습니다.

엄마표 영어에서 가장 아쉬웠던 부분인 '영어 말하기'의 향상을 위해 생활 속에서 영어 말하기 훈련을 할 수 있도록 돕고자 이 책《Let's Talk Talk 엄마표 생활영어》를 출간하게 되었습니다. 엄마표 영어로 초등부터 대입 수능까지 자녀의 영어 학습을 도왔던 영어 교사 출신의 평범엄마와, 미국에서 교육학 석사 과정을 마치고 미국 학교 교사로 근무했으며 엄마표 생활영어 서적을 출간했던 힐러리 선생님이 힘을 합쳐서 엄마들이 아이와 말하기 연습을 할 수 있도록 《Let's Talk Talk 엄마표 생활영어》를 집필하였습니다.

### 이 책의 구성은 어떻게 되어 있나요?

이 책에서는 아이와 엄마의 하루 일과를 중심으로 아침, 오후, 저녁과 밤에 나눌 수 있는 대화를 비롯해 가족여행, 생일, 외식 등 특별한 상황에서 주고받는 40편의 대화문이 나옵니다. 또, 대화에 나온 어휘를 정리한 [Vocabulary & Chunk], 비슷한 상황에서 쓰일 수 있는 다른 유용한 표현들을 소개한 [Useful Expressions], 그리고 대화에 나온 상황이나 문장에 대해 정보를 알려 주는 [One More Tip]을 제공하였습니다. 그리고 각

파트의 중간이나 마지막에 미국 문화나 미국 부모들의 양육 방식, 그리고 한국인이 외국에서 흔히 하는 실수 등에 대한 정보를 알려 주고자 [힐러리 선생님의 꿀팁]을 실었습니다.

**1장** Morning Talk에서는 아침 기상, 아침 식사, 학교 갈 준비, 날씨에 대한 대화 등 아침에 아이와 나눌 수 있는 대화로 구성했습니다.

**2장** Afternoon Talk에서는 아이가 학교를 다녀와서 집에서 엄마와 나누는 대화로, 학교에서 어떻게 지냈는지 묻기, 아이와 함께 간식을 만들기, 집안일 돕기, 아이와 놀이하기 등 아이의 오후 일과에서 나눌 수 있는 대화를 중심으로 엮었습니다.

**3장** Evening Talk에서는 저녁과 밤에 나눌 수 있는 대화로, 저녁 식사, 인터넷 장보기, 숙제 확인, 잠자리 들기 등의 상황을 다루고 있습니다.

**4장** Talk for Special Occasions & Places에서는 가족 여행, 생일, 외식, 드라이브, 외출 등 특별한 상황에서의 대화들이 제공됩니다.

**부록**으로 공공장소나 거리 등 장소에 따른 매너 교육, 칭찬이나 격려 등 상황별 멘트, 그리고 놀이공원, 마트, 병원 등 장소별로 자주 쓰는 말 등을 제공하였고 또한 생활영어에서 자주 쓰이는 30개의 문장 패턴을 예문과 함께 수록하고 있습니다.

### 이 책을 누구에게 권하나요?

이 책에서는 우리 아이의 배우는 속도에 맞게 영어 학습을 진행하면서, 엄마와 아이가 간단한 생활영어를 주고받을 수 있도록 친근한 상황의 흐름 속에서 대화들을 구성했습니다. 또한 유사한 상황에서 자주 쓰는 표현들을 제시하여 아이와 영어로 대화하고 싶은 엄마분들께 실질적인 정보와 노하우를 제공해 드리고자 했습니다. 이 책을 엄마표 영어로 아이의 영어를 지도하거나 생활 속에서 아이와 영어로 대화하고 싶은 모든 부모님께 권해 드립니다. 아이와 함께 영어 공부를 하거나 아이의 영어를 코칭하는 부모님들께서 이 책을 통해 영어 말하기에 더욱 자신감을 가지고 아이와 생활 속에서 영어로 대화하실 수 있기를 진정으로 바랍니다.

유명현(힐러리 유), 박원주(평범엄마)

# PART 3. Evening Talk

# PART 4.

# Talk for Special Occasions & Places

**MP3 파일 다운로드**

1. 성안당 홈페이지(http://www.cyber.co.kr)에 접속하여 회원가입한 뒤 로그인하세요.
2. 메인 화면 중간의 [자료실]을 클릭한 다음 [외국어 자료실]로 들어가 오른쪽 파란색 돋보기를 클릭하면 나오는 검색 창에 '엄마표 생활영어', '생활영어' 등 도서명 일부를 입력하고 검색하세요.
3. 검색된 목록을 클릭하고 들어가 다운로드 창 안의 예제 파일을 클릭하여 다운로드한 다음 찾기 쉬운 위치에 저장하고 압축을 풀어 사용하세요.

# PART 1.
# Morning Talk

# 01 Good morning!

굿모닝!

Good morning! Did you sleep well? 굿모닝! 잘 잤어?

Yes, I did. 네, 잘 잤어요.

You're still in pajamas(=PJ's). 아직 잠옷을 입고 있구나.

I'll get dressed now. 지금 옷 입을게요.

You have sleep in your eyes. 눈에 눈곱 꼈네.

Did you wash your face? 세수는 했니?

Not yet. 아직이요.

Wash your face, please. 세수하렴.

Okay, I will. 네, 그럴게요.

**sleep well** 잘 자다

**be in pajamas** 잠옷을 입고 있다

**get dressed** 옷을 입다

**wash one's face** 세수하다

**still** 여전히

**PJ's** 파자마(pajamas의 줄임말)

**have sleep in one's eyes** 눈에 눈곱이 끼다

## Useful Expressions

| | | |
|---|---|---|
| 일어날 시간이야. | | It's time to wake up. |
| 일어나렴, 잠꾸러기야! | | Wake up, sleepyhead! |
| 알람이 울렸어. | | The alarm went off. |
| 이 닦으렴. | | Brush your teeth. |
| 이상한 꿈을 꿨어요. | | I had a weird dream. |
| 좀 더 자고 싶어요. | | I want to sleep more. |
| 이부자리 정리할게요. | | I will make my bed. |

## One More Tip

영어권의 줄임말

영어권 문화의 젊은 세대들도 줄임말 쓰는 것을 좋아해요. 'pajamas(잠옷)'를 줄여서 'PJ's'라고 하고, 'orange juice(오렌지 주스)'를 줄여서 'OJ'라고 하며, 'vegetable(채소)'은 'veggie'라고도 합니다.

# What do you want for breakfast?

아침으로 뭘 먹을까?

| | |
|---|---|
| What do you want for breakfast? | 아침으로 뭘 먹을까? |
| How about leftover chicken? | 먹고 남은 치킨은 어때요? |
| Dad finished it. | 아빠가 다 드셨어. |
| How about fried eggs? | 달걀프라이는 어때? |
| Sounds good. | 좋아요. |
| How would you like your eggs? | 달걀은 어떻게 해 줄까? |
| Can I have my eggs sunny-side up? | 한쪽만 익혀서 먹어도 돼요? |
| Sure. Just in a minute. | 물론이지. 잠시만 기다려. |
| Thank you, Mom. | 고마워요, 엄마. |

## Vocabulary & Chunk

**what do you want for ~?** ~로 무엇을 원하니?  **leftover** 남은 음식, 먹다 남은

**finish** ~을 다 먹다　　　　　　　　　　 **(that) sounds good** 좋아

**how would you like your ~?** ~을 어떻게 해 줄까?

**sunny-side up** 달걀 한쪽 면만 익힌 것　　　 **in a minute** 잠시 후, 금방

## Useful Expressions

| | | |
|---|---|---|
| | 시리얼은 다 먹었어. | We're out of cereal. |
| | 아침 차려 줄게. | Let me fix breakfast. |
| | 아침에는 단것 먹으면 안 돼. | No sweets for breakfast. |
| | 토스트에 땅콩버터 먹을게요. | I'll have toast and peanut butter. |
| | 팬케이크와 메이플시럽이 정말 좋아요. | I love pancakes with maple syrup. |
| | 스크램블드에그를 먹고 싶어요. | I want scrambled eggs. |
| | 아침으로 팬케이크 먹어도 돼요? | Can I have pancakes for breakfast? |

## One More Tip

달걀을 어떤 상태로 먹고 싶은지 말하는 표현은 무엇일까요?

달걀을 잘 익힌 상태는 'over hard', 노른자를 반숙으로 양면을 익힌 상태는 'over easy', 노른자를 반숙으로 한 면만 익힌 상태는 'sunny-side up'이라고 말해요. 뒤에 'please'를 덧붙이면 '~한 상태로 해 달라'고 부탁하는 말이 되지요.

# Mom, what's for breakfast?

엄마, 아침밥은 뭐예요?

Mom, what's for breakfast? 엄마, 아침밥은 뭐예요?

We'll have boiled eggs and toast. 삶은 달걀에 토스트 먹을 거야.

I'm not a big fan of eggs. 저는 달걀을 안 좋아해요.

Then, do you want something else? 그럼 다른 거 먹고 싶니?

Yes, I want cereal. 네, 시리얼 먹을래요.

Okay. I will have a boiled egg. 그래. 엄마는 삶은 달걀을 먹을 거야.

It's a good source of protein. 그건 단백질 섭취에 좋거든.

You always eat healthy. 엄마는 항상 건강하게 드시네요.

You should not be picky. 편식하지 말아야지.

**boiled egg** 삶은 달걀

**something else** 다른 것

**eat healthy** 건강하게 식사하다

**not a big fan of~** ~을 별로 좋아하지 않다

**a source of protein** 단백질 공급원

**picky** 까다롭게 구는, 음식을 가리는

## Useful Expressions

아침밥 다 됐어.

Breakfast is ready.

꼭꼭 씹어 먹어.

Chew it up.

음식을 골고루 먹어야 해.

You should eat a bit of everything.

토스트에 딸기잼을 먹을게요.

I'll have toast with strawberry jam.

우유 좀 줄래요?

Can I have some milk?

다른 거 먹을게요.

I'll have something else.

오늘은 아침을 안 먹고 싶어요.

I don't want to have breakfast today.

## One More Tip

미국인들이 선호하는 아침 식사 메뉴

waffle(와플), hash brown(해시 브라운), bagel with cream cheese(크림치즈를 바른 베이글), scrambled egg(스크램블드에그), french toast(프렌치토스트), oatmeal(오트밀), pancake(팬케이크), bacon(베이컨), sandwich(샌드위치), cereal(시리얼)

# I'll comb your hair and tie it up.

머리 빗어서 묶어 줄게.

I'll comb your hair and tie it up. 　　머리 빗어서 묶어 줄게.

I want a ponytail, please. 　　하나로 묶어 주세요.

Okay. Let's get dressed now. 　　알았어. 이제 옷 입자.

How about this yellow dress? 　　이 노란 원피스는 어때요?

It's too tight for you. 　　그건 너에게 너무 작구나.

Then, I'll put on the striped dress. 　　그럼 줄무늬 원피스 입을래요.

Your socks don't match. 　　양말이 짝짝이네.

Go get the right ones. 　　맞는 것을 갖고 오렴.

Here they are. 　　여기 있어요.

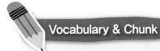 

**comb one's hair** 머리를 빗다

**tight** (옷이) 꽉 끼는

**don't match** 짝이 맞지 않다

**ponytail** 말총머리(하나로 묶은 머리 모양)

**put on** ~을 입다

**go get** ~을 가지고 오다

## Useful Expressions

뭐 입을 거야?　　　　　　　　What are you going to wear?

딱 맞네.　　　　　　　　　　It fits perfect.

너에게 잘 어울려.　　　　　　It looks good on you.

이거 입기 싫어요.　　　　　　I don't want to wear this.

제가 자라서 이 옷이 작아졌어요.　I've outgrown this.

양 갈래 머리로 묶어 주세요.　　I want pigtails, please.

셔츠가 너무 커요.　　　　　　The shirt is too big for me.

 One More Tip

헤어스타일과 관련한 표현

ponytail(말총머리), pigtail(양 갈래 머리), braid(땋은 머리), bun(빵 모양 올림머리),

permed hair(파마머리), straight hair(생머리)

# Where is my blue shirt?

내 파란 셔츠는 어디에 있어요?

| | |
|---|---|
| Mom, no jeans in my drawer. | 엄마, 서랍장에 청바지가 없어요. |
| I washed them last night. | 어젯밤에 세탁했어. |
| They're still wet. | 아직 축축해. |
| Where is my blue shirt? | 내 파란 셔츠는 어디에 있어요? |
| It's in the closet. | 옷장 안에 있어. |
| Oh, there it is. | 아, 찾았어요. |
| Put sunscreen on your face. | 얼굴에 선크림 발라야지. |
| It's too sticky. | 너무 끈적해요. |
| Put on your hat, too. Okay? | 모자도 쓰렴. 알았지? |

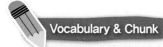

**Vocabulary & Chunk**

**drawer** 서랍장                    **closet** 옷장

**there it is** 찾았다, 여기에 있다

**put sunscreen on one's face** 얼굴에 선크림 바르다

**sticky** 끈적이는                    **put on** ~을 착용하다

## Useful Expressions

외투는 옷장에 있어.                The jacket is in the closet.

그건 다 낡았어.                    It's worn out.

장갑 챙겨 가렴.                    Take the gloves with you.

오늘은 비옷을 입으렴.              Put on your raincoat today.

우산도 가져가렴.                  Take your umbrella, too.

제 운동화 보셨어요?              Have you seen my sneakers?

저는 빨간 것이 더 좋아요.          I like the red one better.

 **One More Tip**

**옷의 종류와 관련한 표현**

jacket(외투), vest(조끼), overalls(멜빵바지), sleeveless(민소매), cardigan(카디건), dress(원피스),

jeans(청바지), skirt(치마), pants(바지), shorts(반바지)

# It's time to go to school.

학교 갈 시간이야.

| | |
|---|---|
| It's time to go to school. | 학교 갈 시간이야. |
| All set to go? | 갈 준비 다 됐니? |
| No, I'm not. I can't find my bag. | 아니요. 가방을 못 찾겠어요. |
| It's under the chair, honey. | 의자 밑에 있단다, 얘야. |
| Thanks, Mom. | 고마워요, 엄마. |
| You're running late. | 지각하겠어. |
| I know. Let me go get a mask. | 알아요. 가서 마스크 챙겨 올게요. |
| Hurry up. Have fun. | 서둘러라. 잘 다녀오렴. |
| See you later, Mom. | 이따가 봐요, 엄마. |

**it's time to + 동사원형** ~할 시간이다

**run late** 늦어지다

**go get a mask** 가서 마스크 가져오다

**have fun** 즐겁게 보내다

**all set to + 동사원형** ~할 준비가 다 된

**under the chair** 의자 아래에

**hurry up** 서두르다

## Useful Expressions

| | |
|---|---|
| 갈 준비 다 됐지? | Are you all set to go? |
| 5분 후에 나가야 해. | You need to go in 5 minutes. |
| 서둘러라, 안 그러면 늦을 거야. | Hurry up or you'll be late. |
| 학교 마치고 데리러 갈게. | I'll pick you up after school. |
| 학교까지 바래다줄래요? | Can you walk me to school? |
| 지금 학교로 출발할 거예요. | I'm leaving for school now. |
| 몇 시에 데리러 와요? | What time are you picking me up? |

## One More Tip

'~할 시간이야'는 'It's time to + 동사원형'으로 나타내요.

| | |
|---|---|
| **It's time to get up.** | 일어날 시간이야. |
| **It's time to have lunch.** | 점심 먹을 시간이야. |
| **It's time to go to bed.** | 잠잘 시간이야. |

# I'm not feeling well today.

오늘은 몸이 안 좋아요.

I'm not feeling well today.     오늘은 몸이 안 좋아요.

You may have a fever.     열이 나는 것 같구나.

Should I see a doctor?     병원에 가야 할까요?

What are your symptoms?     증상이 어떻게 되니?

I have a sore throat.     목이 아파요.

Let me check your temperature.     체온을 재 볼게.

It's 37.7 degrees.     37.7도네.

I have a stomachache, too.     배도 아파요.

Then, you need to see a doctor.     그럼 병원에 가야겠구나.

## Vocabulary & Chunk

**not feel well** 몸이 안 좋다

**see a doctor** 병원 가다

**have a sore throat** 목이 아프다

**degrees** (몇) 도

**have a fever** 열나다

**symptom** 증상

**check one's temperature** 체온을 재다

**have a stomachache** 배 아프다

## Useful Expressions

| | | |
|---|---|---|
| | 기침이 나요. | I have a cough. |
| | 콧물이 나요. | I have a runny nose. |
| | 멍이 들었어요. | I got a bruise. |
| | 머리가 아파요. | I have a headache. |
| | 눈이 가려워요. | My eyes are itchy. |
| | 구급상자가 어디 있지? | Where is the first-aid kit? |
| | 여기 약이 있어. | Here's some medicine. |

## One More Tip

병원 및 약국과 관련한 표현

insurance(보험), prescription(처방전), pharmacy(약국), cast(깁스), surgery(수술), shot(주사), vaccine(백신), allergy(알레르기), painkiller(진통제), emergency room(응급실), appointment(예약), walk-in(예약 없는 진료)

# 08 How's the weather today?

오늘 날씨가 어때요?

 I'm checking the weather.　　　날씨 확인하고 있어.

How's the weather today?　　　오늘 날씨가 어때요?

It's cloudy now.　　　지금은 날씨가 흐리구나.

It will rain in the afternoon.　　　오후에 비가 올 거야.

It says it will snow in the evening.　　　저녁에는 눈이 온대요.

We'd better take an umbrella.　　　우산을 갖고 가는 게 낫겠어.

There will be a lot of traffic.　　　차가 많이 막히겠네요.

How about taking the subway?　　　지하철을 타는 건 어떨까?

Good idea.　　　좋아요.

**check the weather** 날씨를 확인하다　　　　**How's the weather?** 날씨가 어때?

**cloudy** 흐린, 구름이 많이 낀　　　　　　　**rain** 비; 비 오다

**it says it will snow** 눈이 온다고 한다　　　**had better** ~하는 게 낫다

**take an umbrella** 우산을 가지고 가다　　　**a lot of traffic** 도로에 차가 많음

## Useful Expressions

 날씨가 어때요?　　　　　　　What is the weather like?

 이슬비가 내려요.　　　　　　It's drizzling.

 비가 세차게 내려요.　　　　　It's pouring.

 비가 올 것 같아.　　　　　　It looks like it's going to rain.

 폭풍우가 몰아치고 있어.　　　It's stormy.

 밖은 많이 추워.　　　　　　It is very cold outside.

 택시를 타는 게 낫겠어.　　　We'd better take a taxi.

One More Tip

날씨와 관련한 표현

**It's raining cats and dogs.**　비가 정말 많이 온다.

**It's showering.**　　　　　　소나기가 오고 있다.

**It's windy.**　　　　　　　　바람이 분다.

**It's foggy.**　　　　　　　　안개가 꼈다.

 # 아이 콘택트(eye contact)의 중요성

"너 외국에서 살다 왔지? 어른 눈을 똑바로 쳐다보는구나!"

이 말은 제가 오랜 미국 생활을 하고 한국에 돌아왔을 때, 저보다 나이가 훨씬 많은 분의 눈을 쳐다보면서 대화를 하다가 듣게 된 말입니다. 순간 정신이 퍼뜩 들었습니다. '아, 맞다! 여긴 미국이 아닌 한국이지!'

영미권에서는 상대의 나이, 성별, 지위에 상관없이 대화할 때 반드시 상대방의 눈을 봐야 합니다. 직접적인 아이 콘택트(eye contact)를 피하면 오히려 정직하지 못한 사람, 속임수나 꿍꿍이가 있는 사람으로 낙인찍히게 됩니다. 아이 콘택트는 생활 속 기본 에티켓, 즉 필수 항목이기도 합니다. 알고 보니 그분이 저에게 "눈을 똑바로 쳐다보는구나!"라고 한 것은 버릇없다는 핀잔이 아니었습니다. 그분도 캐나다에서 오랫동안 생활해 온 시민권자였습니다. 오랜 캐나다 생활 후 한국에 왔는데 비교적 연배가 많은 남성인 자신의 눈을 똑바로 바라보고 말하는 사람이 없어 한동안 적응하기가 힘들었다고 합니다. 오히려 눈을 마주치고 상냥하게 대화하는 제게 고마움을 느꼈던 것입니다.

이런 문화 차이 때문에 영미권의 학교나 회사에서 한국 학생, 직원을 대할 때 오해가 생기기도 합니다. 유대 관계를 쌓기 위해 친근하게 다가가도 오히려 지나친 공손함과 눈을 마주치지 않으려고 하는 소극적인 태도로 일관하는 경우가 많기 때문입니다. 전혀 다른 정서적 메커니즘을 가진 동양인들이 영미권 나라에서 겪는 생활 속 어려움 중 대표적인 예입니다.

동양권에서는 연장자나 힘을 가진 사람에게 자주 눈을 맞추면 종종 반항과 도전의 의미로 해석됩니다. "어딜 감히 눈을 똑바로 뜨고!"라는 표현이 존재할 만큼 약자의 입장에서 눈을 똑바로 마주치는 것은 금기시되지요. 미국 생활 중 아이 콘택트를 힘들어하는 한인을 보게 되면 '미국에 온 지 얼마 안 되었구나' 하고 추측할 수 있기도 했습니다. 이런 문화 차이를 외국인에게 설명했더니 매우 놀라는 반응을 보였습니다. "어떻게 눈을 마주치지 않고 소통하지?" 하고 오히려 되묻던 기억 이 아직도 생생합니다.

영미권에서는 아이가 부모의 꾸지람을 들을 때에도 부모의 눈을 똑바로 쳐다보고 있어야 합니 다. 아이가 죄책감에 시선을 회피하면 "Look me in the eyes!"(이 표현에서는 Look 다음 at을 붙 이지 않습니다) 즉 "눈을 바라봐야지!"라고 오히려 호통을 치기도 합니다. 아이가 시선을 회피하면 부모가 무시당하고 있다고 생각하기 때문입니다. 이것은 영미권 부모들의 전형적인 훈육 방식입니 다. 아이를 때리거나 즉각 언성을 높이기보다 부모의 눈을 보고 잠시 침묵함으로써 자신의 과오를 되짚어 보도록 하지요. 잠시 후 "Do you have anything to say?(할 말 있니?)"라고 물어서 아이 가 먼저 입을 열도록 합니다. 그때 아이는 "I'm sorry(죄송해요)", "I'll never do it again(다신 그 러지 않을게요)" 하고 뉘우칩니다. 고성이 오가지 않는 현명한 육아 기법이기도 합니다.

영미권에서는 대화를 할 때 상대방의 눈을 보는 아이 콘택트가 참으로 중요하다는 것을 이제 아 셨죠? 아이와 영어로 대화할 때는 서로의 눈을 자연스럽게 바라보길 권해 드려요.

# PART 2.
# Afternoon Talk

# Mom, I'm home.

엄마, 학교 다녀왔어요.

| | |
|---|---|
| Mom, I'm home. | 엄마, 학교 다녀왔어요. |
| How was school, today? | 오늘 학교는 어땠어? |
| It was a lot of fun. | 진짜 재미있었어요. |
| What was so fun? | 뭐가 그렇게 재미있었니? |
| We made flowers out of paper. | 종이로 꽃을 만들었어요. |
| Go wash your hands, first. | 가서 손 먼저 씻고 오렴. |
| Okay, Mom. | 알았어요, 엄마. |
| When is the piano tutor coming? | 피아노 선생님은 언제 오세요? |
| She'll be here in 20 minutes. | 20분 후에 오실 거야. |

## Vocabulary & Chunk

**I'm home** 다녀오다

**a lot of fun** 정말 재미있는

**wash one's hands** 손 씻다

**in ~ minutes** (몇) 분 후에

**How was ~?** ~은 어땠니?

**out of paper** 종이로

**piano tutor** 피아노 선생님

## Useful Expressions

 집에 어서 와.     Welcome home.

 친구랑 사이좋게 지냈니?     Did you get along with your friends?

 아빠는 집에 오고 계셔.     Dad is on his way home.

 할머니가 곧 오실 거야.     Grandma will be here soon.

 점심으로 뭐 먹었어?     What did you eat for lunch?

 학교에서 즐겁게 보냈어요.     I had a great time at school.

 오늘 많이 힘들었어요.     I had a hard time today.

## One More Tip

전치사 in의 쓰임

- **전치사 in + 장소: ~안에**

  in the building(건물 안에), in the room(방 안에), in the box(상자 안에)

- **전치사 in + 시간: ~후에**

  in five minutes(5분 후에), in three weeks(3주 후에), in two years(2년 후에)

# What happened?

무슨 일 있었니?

🗣 Look at all the stains on your pants. 바지에 얼룩 좀 봐.

What happened? 무슨 일 있었니?

🧒 I spilt some food. 음식을 쏟았어요.

🗣 Oh, my! 오, 저런!

🧒 It stinks so bad. 냄새가 심해요.

🗣 I'll wash them for you. 엄마가 세탁해 줄게.

🧒 I'll put them in the laundry basket. 세탁 바구니 안에 둘게요.

🗣 Go get changed. 옷 갈아입으렴.

🧒 Thanks, Mom. 고마워요, 엄마.

## Vocabulary & Chunk

**stain** 얼룩

**stink** 냄새가 심하다

**laundry basket** 세탁 바구니

**spill(-spilt-spilt)** 쏟다, 엎지르다

**put A in B** A를 B 안에 두다

**get changed** 옷을 갈아입다

## Useful Expressions

옷들을 건조기에 넣으렴.

Put them in the dryer.

세제 여기 있어.

Here is the laundry soap.

= Here is the detergent.

네 셔츠를 빨아야 해.

Your shirt needs to be washed.

입던 옷은 세탁실에 갖다 놓아라.

Take dirty clothes to the laundry room.

재킷에 얼룩이 묻어 있어요.

There are stains on my jacket.

바지 갈아입을래요.

I'll change my pants.

셔츠가 찢어졌어요.

My shirt was ripped.

## One More Tip

'냄새가 나다'라는 의미의 영어 표현을 알아볼까요?

영어로 '냄새가 심하게 난다'는 'It smells so bad' 혹은 'It stinks so bad'입니다. 여기서 'smell'은 좋은 냄새나 악취가 나는 경우 모두에 쓸 수 있지만 'stink'는 '악취가 난다'는 뜻을 가지고 있어요.

# Who's your best friend?

제일 친한 친구가 누구니?

| | |
|---|---|
| Who's your best friend? | 제일 친한 친구가 누구니? |
| Jimin is my best buddy. | 지민이가 가장 친한 친구예요. |
| What do you like about him? | 지민이의 어떤 점이 좋아? |
| He's fun to be with. | 같이 있으면 재밌어요. |
| How about Minsu? | 민수는? |
| Wasn't he your best buddy? | 너의 가장 친한 친구 아니었니? |
| No. He's a big bully! | 아뇨. 그 애는 친구들을 괴롭혀요! |
| Oh, my goodness! | 그럴 수가! |
| He's always showing off, too. | 또, 그 애는 항상 잘난 척을 해요. |

## Vocabulary & Chunk

**buddy** 친구

**fun to be with** 같이 있기에 재미있는

**show off** 잘난 척하다

**what do you like about** ~의 어떤 점이 좋아?

**bully** 괴롭히는 사람

## Useful Expressions

남을 잘 배려해요.　　　　　He/She is thoughtful.

수줍음이 많아요.　　　　　He/She is too shy.

옆집에 살아요.　　　　　He/She lives next door.

우린 스쿨버스에서 같이 앉아요.　　We sit together on the school bus.

우린 같은 반이에요.　　　　We're in the same class.

우리 반에서 인기가 많아요.　　He/She is popular in my class.

나에게 친절해요.　　　　　He/She is nice to me.

## One More Tip

'친구'를 나타내는 영어 표현을 알아보아요.

'친구'는 일반적으로 'friend'이지만 남자들 사이에서는 'friend' 만큼이나 'buddy'라는 표현도 자주 사용해요. '제일 친한 친구'는 'best friend,' 'bestie' 혹은 'best buddy'라고 해요. '평생 친구', '영원한 친구'라는 뜻을 가진 'BFF(Best Friend Forever)'라는 말도 있어요.

# 12 Did you have fun at school?

학교에서 재미있었니?

| | |
|---|---|
| 🗣 Did you have fun at school? | 학교에서 재미있었니? |
| 🗣 It was super fun! | 정말 재미있었어요! |
| 🗣 Tell me what you did. | 뭐 했는지 얘기해 줘. |
| 🗣 We did many science experiments. | 과학 실험을 많이 했어요. |
| 🗣 How fun! | 정말 재밌었겠다! |
| 🗣 We learned how to play the guitar. | 기타 치는 방법을 배웠어요. |
| 🗣 I want to see you play the guitar. | 기타 치는 모습을 보고 싶구나. |
| Can you play for me? | 엄마에게 연주해 줄래? |
| 🗣 I need more practice. | 연습이 더 많이 필요해요. |

## Vocabulary & Chunk

**have fun** 재미있게 보내다

**science experiment** 과학 실험

**learn** 배우다

**practice** 연습

**super fun** 정말로 재미있는

**how fun (it is)!** 참으로 재미있겠다!

**how to play the** ~을 연주하는 법

## Useful Expressions

| | |
|---|---|
| 가장 좋아하는 과목이 뭐니? | What's your favorite subject? |
| 가장 싫어하는 과목이 뭐니? | What's your least favorite subject? |
| 친구들과 사이좋게 지내렴. | Get along with your friends. |
| 김 선생님께 예의 바르게 굴었니? | Were you respectful to Ms. Kim? |
| 좋은 시간 보냈니? | Did you have a nice time? |
| 체육 시간에 줄넘기를 했어요. | I jumped rope in P.E. class. |
| 찰흙으로 컵을 만들었어요. | I made a cup out of clay. |

## One More Tip

영어로는 감탄하는 말을 어떻게 할까요?

"정말 재미있다!"는 영어로 'How fun it is!' 혹은 'How fun!'이라고 해요. "정말 근사하다!"는 'How wonderful!', "정말 아름답다!"는 'How beautiful!'이라고 말하지요. 이렇게 'How + 형용사'를 사용하면 영어로 쉽게 감탄의 말을 할 수 있어요.

# 13 How was your field trip today?

오늘 현장학습 어땠어?

How was your field trip today? | 오늘 현장학습 어땠어?

It was a lot of fun! | 진짜 재미있었어요!

Where did you go on a field trip? | 너희는 현장학습을 어디로 갔니?

Our class went to the Blue House. | 우리 반은 청와대로 갔어요.

Wow! How was it? | 와! 어땠니?

I loved it! | 진짜 좋았어요!

It was a beautiful place. | 아름다운 곳이었어요.

Did the class behave? | 반 친구들이 얌전하게 행동했니?

Of course! | 물론이죠!

**field trip** 현장학습

**go on a field trip** 현장학습을 가다

**behave** 얌전하게 행동하다

**be a lot of fun** 정말 재미있다

**How was it?** 어땠니?

## Useful Expressions

뭐가 제일 좋았어? — What did you like most?

사진 찍었니? — Did you take pictures?

재미있었니? — Did you enjoy it?

선생님 말씀 잘 들으렴. — Listen carefully to the teacher.

사진을 많이 찍었어요. — I took a lot of pictures.

정말 멋진 곳이었어요. — It was a gorgeous place.

버스 안에서 멀미가 났어요. — I was nauseous on the bus.

**One More Tip**

하루가 어땠는지 물어보는 영어 표현은?

'오늘 하루 어땠니?'는 영어로 'How was your day today?'라고 해요. '오늘 학교 어땠니?'는 영어로 'How was school today?'라고 말하고, '여행 어땠니?'는 'How was your trip?'이라고 말해요.

# I'm hungry for egg sandwiches.

에그 샌드위치가 먹고 싶어요.

I'm hungry for egg sandwiches.    에그 샌드위치가 먹고 싶어요.

Let's make them together.    같이 만들자.

Go get the mayo, honey.    가서 마요네즈 갖고 오렴.

There you go.    여기 있어요.

Thanks. Can you peel the eggs?    고마워. 달걀 껍데기 좀 벗겨 줄래?

Sure, I will.    그럼요, 제가 할게요.

Are the potatoes fully cooked?    감자는 다 익었니?

Yes. Can I mash the potatoes?    네. 제가 감자를 으깰까요?

Sure, I'll cut the cucumbers.    그러렴, 엄마는 오이를 자를게.

**be hungry for** ~을 먹고 싶어 하다

**There you go** (물건을 가져다주면서) 여기 있다

**be fully cooked** (감자나 고구마 등이) 잘 익다

**cucumber** 오이

**go get the mayo** 가서 마요네즈를 가져와라

**peel** 껍질을 벗기다

**mash** 으깨다

## Useful Expressions

양파를 잘게 썰어줘.　　　　　　Chop the onions.

마늘을 다지렴.　　　　　　　　Mince the garlic.

팬에 오일을 둘러줘.　　　　　　Put oil in the pan.

소금 한 꼬집을 넣으렴.　　　　　Add a pinch of salt.

2분 동안 휘저어줘.　　　　　　Stir for 2 minutes.

방울토마토를 자르렴.　　　　　Cut the cherry tomatoes.

달걀을 삶아줘.　　　　　　　　Boil the eggs.

One More Tip

요리와 관련한 표현

boil water(물을 끓이다), steam vegetables(채소를 삶다), slice meat(고기를 얇게 썰다), strain (물기를 빼다), ferment(발효시키다), marinade/marinate(양념에 재워 두다), season(양념하다)

# Shall we make fruit smoothies?

과일 스무디 만들까?

Shall we make fruit smoothies? | 같이 과일 스무디 만들까?

Of course! | 좋아요!

I want a special one today. | 오늘은 특별한 스무디가 먹고 싶어요.

Can we try almond milk this time? | 이번에는 아몬드 우유를 넣어 볼까?

Sounds delicious! | 맛있을 것 같은데요!

Where's the blender? | 믹서기가 어딨지?

It's on the shelf. | 선반 위에 있어요.

Can you wash the strawberries? | 딸기 좀 씻어 줄래?

Okay. I'll peel the bananas, too. | 알았어요. 바나나 껍질도 벗길게요.

## Vocabulary & Chunk

**shall we ~?** ~할까?

**try A this time** 이번에는 A를 시도해 보다

**blender** 믹서기

**peel** 껍질을 벗기다

**fruit smoothie** 과일 스무디

**(that) sounds delicious** 맛있을 것 같다

**on the shelf** 선반 위에

## Useful Expressions

굴 좀 까 줄래?      Can you peel the tangerines?

전자레인지에 넣고 5분간 돌려라.      Microwave it for 5 minutes.

오븐을 예열해라.      Preheat the oven.

에어 프라이어를 켜 봐.      Turn on the air fryer.

시럽을 가지고 오렴.      Go get some syrup.

꿀 두 숟가락을 넣으렴.      Add two spoons of honey.

우유 반 컵을 넣어줘.      Add half a cup of milk.

## One More Tip

음식의 맛을 묘사하는 다양한 표현

sweet(달콤한), salty(짠), spicy/hot(매운), sour(신), bitter(쓴), bland(싱거운), delicious/tasty(맛있는), weird(맛이 이상한)

# 16 We'll clean the whole house.

우리는 대청소를 할 거야.

| | |
|---|---|
| We'll clean the whole house. | 우리는 대청소를 할 거야. |
| Okay. I'll put the toys in the box. | 좋아요. 장난감은 통에 넣을게요. |
| I'll dust the shelves. | 엄마는 책장의 먼지를 털게. |
| How about donating this? | 이건 기부하는 게 어때요? |
| That's an excellent idea. | 훌륭한 생각이야. |
| Let's check if it still works. | 아직 작동하는지 확인해 보자. |
| It works. | 작동이 되네요. |
| Let's mop the floor now. | 이제 밀대로 바닥 청소하자. |
| I'll vacuum first. | 먼저 청소기를 돌릴게요. |

clean the whole house 대청소하다

dust the shelves 책장 먼지를 털다

check if it works 작동하는지 확인하다

mop the floor 밀대로 바닥을 닦다

put the toys in the box 장난감을 통에 넣다

donate 기부하다

work 작동하다

vacuum 청소기를 돌리다

## Useful Expressions

| | |
|---|---|
| 엉망이네! | What a mess! |
| 과자 부스러기 좀 봐. | Look at all these crumbs. |
| 창문 좀 열어 줄래? | Can you open up the windows? |
| 청소 도와드릴게요. | I'll help you clean up. |
| 이건 재활용하나요? | Do we recycle this? |
| 낡은 장난감들은 버릴게요. | I'll throw away the old toys. |
| 이 인형들은 버리지 마세요. | Don't throw away these dolls. |

 One More Tip

If에는 두 가지 뜻이 있어요.

하나. **만약에 ~라면**

If **you have questions, let me know.** 질문이 있으면 나에게 알려 줘.

두울. **~인지 아닌지**

**Do you know** if **he's coming?** 그가 오는지 안 오는지 아시나요?

# I'll help you do the dishes.

제가 설거지 도와드릴게요.

 Mom, you look very tired.      엄마, 피곤해 보이네요.

I did lots of chores today.      오늘 집안일을 많이 했거든.

I'll help you do the dishes.      제가 설거지 도와드릴게요.

Oh, thanks.      와, 고마워.

Can you unload the dishwasher?      식기세척기에서 그릇도 꺼내 줄래?

Sure. I'll feed the dog, too.      그럼요. 강아지 밥도 줄게요.

Can you take it for a walk today?      오늘은 네가 강아지 산책시켜 줄래?

Of course.      물론이죠.

You're so helpful.      정말 큰 도움을 주는구나.

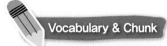
**look tired** 지쳐 보이다

**do the dishes** 설거지하다

**unload the dishwasher** 식기세척기에서 그릇을 꺼내다

**feed the dog** 강아지 밥을 주다

**helpful** 도움이 되는

**chore** 집안일

**take A for a walk** A를 산책시키다

## Useful Expressions

식기세척기에서 그릇 좀 꺼내 줄래?  Can you empty the dishwasher?

식물에 물 좀 줄래?  Can you water the plants?

빨래 좀 개어 줄래?  Can you fold the laundry?

너의 책상 좀 정리할래?  Can you tidy up your desk?

금붕어에게 먹이 좀 줄래?  Can you feed the gold fish?

제 책상을 정리할게요.  I'll tidy up my desk.

제 방을 청소할게요.  I'll clean my room.

One More Tip

집안일과 관련한 표현

wash/do the dishes(설거지하다), do the laundry(빨래하다), vacuum(청소기를 돌리다),

mop the floor(밀대로 바닥을 닦다), sweep the floor(바닥을 쓸다)

**미국 부모가 자녀에게 독립심을 길러 주는 방법**

영미권 나라의 부모들은 자녀를 교육할 때, 자녀의 독립심을 길러 주는 것을 대단히 중요시합니다. 어린 시절부터 아이가 스스로 일을 처리하는 경험을 하고 그 방법을 익혀야 나중에 자립할 때가 왔을 때 훨씬 더 잘 대처할 수 있다고 생각하기 때문이죠. 미국 부모들은 아이의 독립심을 길러 주기 위해 어떤 육아 방법들을 쓰고 있을까요?

첫째, 미국 부모들은 어린 자녀가 그날 입을 의상을 선택하게 합니다. 스스로 입을 옷을 선택하는 일은 아주 쉬운 것처럼 보이지만 아이에게는 어려운 도전이 될 수 있어요. 특히 옷장 전체에서 옷을 고르는 건 아이에게 너무 어려울 수 있으므로 미국 부모들은 몇 가지 선택지 중에 어떤 옷을 입을지 결정하게 한답니다. 이렇게 사소해 보이는 선택과 결정을 하면서 아이는 점차 독립적 사고를 길러 나가게 됩니다.

둘째, 아이에게 개인위생에 대해 가르치는데, 이는 위생 자체뿐만 아니라 아이가 스스로를 돌보는 법을 배울 수 있는 중요한 교육법 중 하나입니다. 식사 전이나 화장실을 다녀온 후에는 꼭 손을 씻고, 매일 두세 번 양치질하는 습관을 들이게 합니다. 목욕을 하는 동안 몸을 물에 담그거나 간단한 샤워를 하는 것은 아이가 스스로 할 수 있는 일이지만 개인위생에 대한 개념을 가르치고 실천하도록 하는 것이 중요합니다.

셋째, 미국 부모들은 아이 선에서 처리할 수 있는 몇몇 집안일을 확실히 지정해서 맡김으로써 독립심을 심어 주려고 합니다. 청소기로 바닥을 청소하거나 정리 정돈하게 하면서 자녀에게 중요한 생활 기술을 가르칠 수 있을 뿐만 아니라 성숙도를 높인다고 생각하기 때문이에요. 또 입었던 옷을 여기저기 놔두는 대신 세탁 바구니에 넣는 훈련을 시킵니다. 미국 가정에서 아이들은 식사 시간 전에 테이블을 치우는 것을 돕거나 식사가 끝난 후 식탁을 닦는 것을 돕는 등 역할 분담을 합니다. 미국에서는 설거지를 손으로 직접 하기보다 식기세척기를 주로 사용하기 때문에 사용한 그릇을 식기세척기에 직접 넣는 일도 아이에게 시키곤 하지요. 그리고 집에 기르는 동물이 있는 경우 먹이를 주고 물그릇을 매번 교체하는 책임을 맡깁니다. 자신의 문제를 스스로 처리해야 하는 시기가 오기 전에 일찌감치 책임감에 대해 배우고 직접 겪어 보도록 하기 위함이지요.

넷째, 미국 부모들은 아이가 클수록 아이와 대화하면서 문제 해결 기술과 상황 대처 방법들을 가르치는 데 많은 시간을 할애합니다. 사회적 환경에서 행동하는 방법, 지속적인 관계를 유지하는 방법 등 살면서 한 번쯤은 묻게 되는 질문들에 대해 미리 대화를 나누고 가르친답니다. 자녀가 안락한 지대(Comfort Zone)에서 벗어나 삶을 준비하는 데 도움이 될 수 있도록 부모가 먼저 적극적으로 나서는 것이죠. 아이들이 집에서 벗어나 학교에서도 스스로를 잘 다룰 수 있도록 준비시켜 주는 것입니다. 학교뿐 아니라 다른 공공장소에서도 자신의 일을 직접 처리할 수 있어야 하므로 미국 부모들은 집에서 상황극을 해 보면서 미리 연습을 시킵니다. 학교에서 친한 친구들하고만 지내기보다 다른 아이들과도 함께 놀도록 미리 그에 대해 이야기하고 방법을 나눠 보기도 해요. 이렇게 독립적으로 친구를 사귀는 방법에 대해 부모가 먼저 이야기를 꺼내고 심리적인 장벽을 낮춰 주기 때문에 이른바 '끼리끼리' 문화가 동양권보다는 덜한 편이에요.

이렇게 미국 부모들은 직접 나서서 아이의 모든 문제를 해결해 주기보다 건강한 방법으로 가정에서부터 독립심을 기를 수 있도록 환경과 상황을 조성해 준답니다. 자녀를 위한다는 명목하에 아이 스스로 할 수 있는 일까지 부모가 직접 개입해서 처리하게 되면 오히려 자녀가 필요로 하는 필수적인 생활 기술을 개발하는 데 방해가 된다는 것을 알기 때문이죠. 그렇게 자녀가 성장하고 나면 어린 시절에 부모가 인내심을 갖고 자신의 독립심을 길러 주었던 것을 깨닫고 감사함을 느낍니다. 그리고 훗날 자신의 자녀에게도 독립심을 길러 주고자 노력하면서 이러한 관행이 영미권 문화 속에서 대물림되는 것입니다.

# 18 Shall we decorate your room?

너의 방을 꾸며 볼까?

Shall we decorate your room? — 너의 방을 꾸며 볼까?

Can we move the bed this way? — 침대를 이 방향으로 옮겨도 돼요?

Sure! Let's hang this on the wall. — 그럼! 이건 벽에 걸자.

I want some balloons, too. — 풍선도 있으면 좋겠어요.

Let's buy some. — 몇 개 사자.

I will go get a pink blanket. — 가서 분홍색 이불을 갖고 올게.

Do we have a pink bed sheet? — 분홍색 침대보도 있어요?

Yes. Let's change it to the pink one. — 그래. 분홍색으로 갈아 끼우자.

It looks so much better now! — 이제 훨씬 좋아 보여요!

**Vocabulary & Chunk**

**decorate** 장식하다

**balloon** 풍선

**blanket** 이불

**look much better** 훨씬 더 보기 좋다

**hang** ~을 걸다

**buy some** 몇 개 사다

**bed sheet** 침대보

## Useful Expressions

| | |
|---|---|
| 이건 새 이불이야. | Here's the new blanket. |
| 조명을 바꿔 보자. | Let's change the light. |
| 꽃은 여기에 놓아두렴. | Put the flowers here. |
| 커튼은 이제 안 달래요. | I don't want the curtains anymore. |
| 2층 침대 갖고 싶어요. | I want a bunk bed. |
| 베개보를 갈아 끼워 주세요. | Please change the pillow cover. |
| 이 사진을 벽에 걸어 주세요. | Please hang this picture on the wall. |

**One More Tip**

침구류를 나타내는 표현

bedding[침구류(이불, 시트, 커버 전체 포함)], pillow(베개), blanket(담요), comforter(두툼한 이불), filling[이불 속(충전재)], bed sheet(침대보)

# 19 I want to play tag.

술래잡기하고 싶어요.

I want to play tag.      술래잡기하고 싶어요.

OK. Let's do rock, paper, scissors.    좋아. 가위바위보 하자.

Rock, paper, scissors, shoot! I win!   가위바위보! 내가 이겼다!

Mom, you're it!      엄마가 술래예요!

Are you ready?      준비됐니?

I don't want to play tag anymore.    술래잡기는 그만할래요.

How about playing hide-and-seek?   숨바꼭질하는 건 어때?

Okay! Count to ten!      좋아요! 열까지 세요!

Ready or not, here I come.    숨었든 안 숨었든, 찾으러 간다.

**Vocabulary & Chunk**

**play tag** 술래잡기하다
**play hide-and-seek** 숨바꼭질 놀이를 하다
**ready or not** 준비가 되었든 안 되었든

**you're it** 네가 술래다
**count to ten** 10까지 세다
**here I come** 찾으러 간다

## Useful Expressions

다른 거 하고 놀자.　　　　Let's play something else.

(숨바꼭질에서) 찾았다!　　I got you!

5분만 쉬자.　　　　　　Let's take a five-minute break.

정말 재미있어요!　　　　It's so much fun!

너무 지루해요.　　　　　It's too boring.

끝말잇기 놀이해요.　　　Let's play word chain.

밖에 나가서 놀래요.　　　I want to play outside.

 **One More Tip**

다양한 놀이의 종류

**Red light, Green light**　　무궁화꽃이 피었습니다
**Marble game**　　　　　구슬 놀이
**Leapfrog**　　　　　　　등 짚고 뛰어넘기

# 20 I want to watch cartoons.

만화 보고 싶어요.

| | |
|---|---|
| Where's the remote? | 리모컨 어딨니? |
| It's on the couch. | 소파 위에 있어요. |
| This is not for little kids. | 이건 어린이들이 보는 게 아니야. |
| Is it? I want to watch cartoons. | 그래요? 만화 보고 싶어요. |
| Turn down the volume, honey. | 소리 줄이거라, 얘야. |
| Okay. | 알았어요. |
| You should move back. | 뒤로 좀 더 물러나 있어야 해. |
| You've been watching TV for too long. | TV를 너무 오래 보네. |
| I'm done. I'll turn it off. | 다 봤어요. TV 끌게요. |

## Vocabulary & Chunk

**remote (control)** 리모컨

**be not for kids** 어린이용이 아니다

**turn down the volume** 소리를 줄이다

**be done** 끝나다

**couch** 소파

**cartoon** 만화

**move back** 뒤로 물러나 있다

**turn off** 끄다

## Useful Expressions

| | |
|---|---|
| 그건 너무 폭력적이야. | It's too violent. |
| 그건 재방송이야. | It's a rerun. |
| 너무 시끄럽지 않니? | Isn't it too loud? |
| 허리 펴고 앉아라. | Sit up straight. |
| 그 쇼는 몇 시에 시작하죠? | What time does the show start? |
| 광고가 너무 많아요. | There're too many commercials. |
| 소리를 키워도 될까요? | Can I turn up the volume? |

### One More Tip

텔레비전 프로그램의 종류

cartoon(만화), movie(영화), documentary(다큐멘터리), reality show(리얼리티 쇼), talk show(토크쇼), news(뉴스), soap opera/drama(드라마), sitcom(시트콤)

# 21 It's too hot.

너무 더워요.

It's too hot. — 너무 더워요.

Right! It's humid, too. — 맞아! 습하기도 하고.

Should we turn on the AC? — 에어컨 켤까요?

Sure. I'll turn it on now. — 그럼. 지금 켜 줄게.

Can I have some orange juice? — 오렌지 주스 마셔도 돼요?

Yes. We have some in the fridge. — 그래. 냉장고에 있어.

It'll be cooler later at night. — 이따가 밤에는 시원해질 거야.

Why don't we go for a walk then? — 그때 산책하러 갈까요?

Sounds good! — 좋지!

**humid** 습한

**AC(=air conditioner)** 에어컨

**why don't we** ~하는 것은 어때

**sounds good** 좋다

**turn on the AC** 에어컨을 켜다

**in the fridge** 냉장고 안에

**go for a walk** 산책하다

## Useful Expressions

| | |
|---|---|
| 일기예보 확인해 볼게. | Let me check the weather forecast. |
| 온도가 어떻게 되니? | What's the temperature? |
| 밖은 너무 추워요. | It's freezing outside. |
| 날씨가 푹푹 쪄요. | It's steaming hot. |
| 낮에는 날씨가 따뜻해요. | It's warm during the day. |
| 날씨가 춥고 건조해요. | It's cold and dry. |
| 히터 좀 틀어 주세요. | Turn on the heater, please. |

### One More Tip

계절별 기후 특징에 대해 말하기

**It's warm in spring.** 봄에는 따뜻하다.

**It's hot and humid in summer.** 여름에는 덥고 습하다.

**It's cool in fall.** 가을에는 시원하다.

**It's cold and dry in winter.** 겨울에는 춥고 건조하다.

# 한국인들이 흔히 쓰는 콩글리시

1) 매일 **헬스장**에 가요.

I go to the health club everyday. (×)

I go to the gym everyday. (○)

헬스클럽은 영어로 'gym'이라고 해요.

2) **테이크아웃**해 갈게요.

Take out, please. (×)

To go, please. (○)

음식을 포장해 간다는 의미의 테이크아웃은 'To go'라고 해요. 종업원이 "For here? Or to go? (여기서 드시나요? 아니면 포장해 가시나요?)"라고 물어볼 때도 있어요.

3) 이건 제 **노트북**이에요.

This is my notebook. (×)

This is my laptop. (○)

영어에서 노트북은 흔히 '공책'을 의미해요. 노트북 컴퓨터는 'laptop'이라고 말해요.

4) 그는 시험을 **만점** 받았어.

He got all A in his exams. (×)

He got straight A's in all his exams. (○)

만점은 영어로 'straight A's'라고 해요.

5) 난 **SNS**를 매일 확인해.

I check my SNS everyday. (×)

I check my social media everyday. (○)

블로그, 인스타, 페이스북 등등 흔히 SNS라고 불리는 모든 것들의 영어 명칭은
'social media'입니다.

6) **TV 광고**가 너무 많아.

There are too many CFs. (×)

There are too many commercials. (○)

TV 광고는 영어로 CF가 아닌 'commercial'이라고 합니다.

7) **파이팅!**

Fighting! (×)

We can do it! / Let's go for it! (○)

응원할 때 "Fighting"이라고 외치면 "싸우는 것"이라고 받아들여집니다.

대신에 "We can do it!(우린 해낼 수 있어!)" 혹은 "Let's go for it!(한번 해 보자고)"라고 말해
주세요.

8) 그는 **텐션**이 좋아. / 생기가 넘쳐.

He has a good tension. (×)

He's very energetic. (○)

'tension'은 불안감, 긴장감을 뜻하는 부정적인 뉘앙스를 지닌 단어입니다.

에너지가 넘친다는 의미의 'energetic'으로 표현해 주세요.

# PART 3.
# Evening Talk

# Dinner is almost ready.

저녁 준비가 거의 다 되었어.

| | |
|---|---|
| Dinner is almost ready. | 저녁 준비가 거의 다 되었어. |
| Mom, I will help you set the table. | 엄마, 제가 식탁 차리는 걸 도울게요. |
| Thanks! You're so helpful. | 고마워! 정말 큰 도움을 주는구나. |
| Let's sit down and eat. | 앉아서 먹자. |
| This soup is really tasty. | 이 국 정말 맛있어요. |
| I'm glad you like it. | 맛있다니 기쁘네. |
| What's for dessert? | 디저트는 뭐예요? |
| I baked some brownies for you. | 너 주려고 브라우니를 만들었지. |
| Oh, I love brownies. | 와, 브라우니 정말 좋아해요. |

**Vocabulary & Chunk**

**almost ready** 거의 준비가 된

**helpful** 도움이 되는

**dessert** 디저트

**set the table** 식탁을 차리다

**tasty** 맛있는

**bake** (빵, 과자 등을) 만들다, 굽다

## Useful Expressions

젓가락 가져오렴!　　　　　　Go get the chopsticks!

접시가 더 필요해.　　　　　　We need more plates.

소금 좀 건네줄래?　　　　　　Can you pass me the salt?

쿠키 마음껏 먹으렴.　　　　　Help yourself to the cookies.

나중에 마저 먹어도 돼요?　　Can I finish this later?

국을 좀 더 먹어도 돼요?　　　Can I have some more soup?

음식을 식힐래요.　　　　　　I'll let it cool down.

**One More Tip**

미국에서 주로 먹는 디저트

cookie(쿠키), brownie(브라우니), cheesecake(치즈케이크), cupcake(컵케이크), carrot cake (당근케이크), apple pie(애플파이), pecan pie(피칸파이), ice cream(아이스크림)

# Should we order delivery food?

배달 음식 시킬까요?

| | |
|---|---|
| You look too tired to cook. | 요리하기에는 너무 피곤해 보여요. |
| I had a rough day today. | 오늘 하루 힘들었어. |
| Should we order delivery food? | 배달 음식을 시킬까요? |
| That's a good idea. | 좋은 생각이야. |
| There's nothing in the fridge. | 냉장고에 아무것도 없거든. |
| What should we order? | 뭘 시킬까요? |
| I'm craving for cream pasta. | 크림 파스타가 너무 먹고 싶어. |
| Then, I'll go for peperoni pizza. | 그럼 저는 페퍼로니 피자로 할게요. |
| It says it will be here in 30 minutes. | 30분 후에 도착한다고 나오는구나. |

**too ~ to ~** 너무 ~해서 –할 수 없다

**delivery food** 배달 음식

**crave for** ~이 너무 먹고 싶다, ~이 당기다

**It says** ~이라고 적혀 있다

**have a rough day** 힘든 하루를 보내다

**fridge(=refrigerator)** 냉장고

**go for** ~을 택하다, ~을 좋아하다

## Useful Expressions

저녁 식사 준비됐어!　　　Dinner is ready!

냉동고에 생선이 있어.　　　There's some fish in the freezer.

우유가 상했네.　　　The milk went bad.

나는 요리를 잘하지 못해.　　　I'm not a good cook.

요리법을 찾아볼게.　　　Let me find the recipe.

우유가 다 떨어졌어요.　　　We ran out of milk.

치킨 시켜도 돼요?　　　Can we order fried chicken?

### One More Tip

'너무 ~해서 –할 수 없다'는 어떻게 표현할까요?

'너무 ~해서 –할 수 없다'는 영어로 'too 형용사 to 동사원형'이에요. 이 표현은 부정의 뉘앙스를 가지고 있어서, 직접적으로 'not'이 들어가 있지는 않지만 부정으로 해석해야 자연스러워요.

# Don't be a picky eater.

편식하지 마.

| | |
|---|---|
| 🧒 I don't like bell peppers. | 피망이 싫어요. |
| 👩 Don't be a picky eater. | 편식하지 마. |
| 🧒 Can I have ramen noodles? | 라면 먹어도 돼요? |
| 👩 Instant food is bad for you. | 인스턴트 음식은 몸에 안 좋아. |
| 🧒 This tastes really bad. | 이건 진짜 맛이 없어요. |
| 👩 Stop complaining about the food. | 음식 투정은 그만해. |
| I'll give you ice cream later. | 이따가 아이스크림을 줄게. |
| 🧒 Then I'll take a few more bites. | 그럼 몇 숟갈만 더 먹을게요. |
| 👩 There you go! | 그렇지! |

## Vocabulary & Chunk

**bell pepper** 피망

**taste bad** 맛이 없다

**take more bites** 몇 숟갈 더 먹다

**be a picky eater** 편식하다, 음식을 가리다

**complain about the food** 음식 투정하다

## Useful Expressions

가장 좋아하는 음식이 뭐니?　　　　What's your favorite food?

충분히 먹었니?　　　　Did you have enough?

다 먹지 그러니?　　　　Why don't you finish it?

(먹을 음식에) 감사하렴.　　　　Be thankful.

항상 건강하게 먹으렴.　　　　Always eat healthy.

너무 배불러서 더 못 먹겠어요.　　　　I'm too full to eat anymore.

지금은 입맛이 없어요.　　　　I don't have an appetite now.

## One More Tip

채소를 싫어하는 아이를 위한 요리법

**Bake them as a treat.** 베이킹 간식을 만들 때 (채소를) 사용하세요.

**Blend them up in a smoothie.** 스무디에 (채소를) 넣으세요.

**Sneak them into a sandwich.** 샌드위치 속에 (채소를) 몰래 넣으세요.

**Mix them into his/her favorite meals.** (채소를) 가장 좋아하는 음식에 섞으세요.

# 25 I usually order groceries online.

주로 인터넷으로 식료품을 주문해.

I'm too tired to go shopping. 장 보러 가기가 너무 피곤하네.

So, I usually order groceries online. 그래서 주로 인터넷으로 식료품을 주문해.

How much is the shipping fee? 배송비가 얼마예요?

It's free delivery. 무료 배송이야.

Did you order veggies and fruits? 채소와 과일을 시켰어요?

Yes. I ordered eggs and milk, too. 그래. 달걀이랑 우유도 주문했어.

I want chocolate milk. 초코 우유를 먹고 싶어요.

I'll see if Dad can pick it up. 아빠가 사 올 수 있는지 알아볼게.

Thanks, Mom. 고마워요, 엄마.

## Vocabulary & Chunk

**go shopping** 장 보러 가다

**grocery** 식료품

**shipping fee** 배송비

**free delivery** 무료 배송

**veggie(=vegetable)** 채소

**order** 주문하다

**see if** ~인지 알아보다

**pick A up** A를 사 오다

## Useful Expressions

 배송료는 3,000원이야.　　The shipping fee is 3,000 won.

온라인 쇼핑이 훨씬 저렴해.　　It's cheaper to shop online.

조금 이따가 장 보러 갈 거야.　　I'll go grocery shopping later.

장 보러 같이 가자.　　Let's go grocery shopping together.

아이스크림 좀 사다 주실래요?　　Can you get me some ice cream?

초콜릿이 다 팔렸어요.　　Chocolates are sold out.

바나나 우유도 주문해 주세요.　　Please order banana milk, too.

## One More Tip

장보기 목록(Grocery shopping list)

egg(달걀), spinach(시금치), onion(양파), green onion(파), garlic(마늘), beef(소고기),
pork(돼지고기), chicken(닭고기), tofu(두부), cooking oil(식용유)

# Can I buy some soft drinks?

탄산음료 사도 돼요?

| | |
|---|---|
| Can I buy some soft drinks? | 탄산음료 사도 돼요? |
| Not this time, honey. | 이번에는 안 돼. |
| We still have a lot in the fridge. | 냉장고에 아직 많거든. |
| Oh, we need cereal. | 아 참, 시리얼이 필요해요. |
| They ran out this morning. | 오늘 아침에 다 떨어졌지. |
| Are these shirts on sale? | 이 셔츠들 세일 중이죠? |
| Yes. Why don't you try them on? | 그래. 한번 입어 볼래? |
| Sure. Where's the fitting room? | 좋아요. 탈의실이 어디 있어요? |
| It's on the corner. | 모퉁이에 있어. |

## Vocabulary & Chunk

**soft drink** 탄산음료

**run out** 다 떨어지다

**try A on** A를 입어 보다

**on the corner** 모퉁이에

**not this time** 이번에는 안 되다

**on sale** 세일 중인

**fitting room** 탈의실

## Useful Expressions

생수가 필요해.　　　　We need bottled water.

강아지 간식이 여기 있네.　　Here are dog treats.

30% 할인이야.　　　　It's 30% off.

영수증 받았니?　　　　Did we get the receipt?

종이봉투 살게.　　　　I'll get the paper bag.

초콜릿은 어디에 있나요?　　Where can I find chocolates?

그건 유제품 구역 옆에 있어.　It's next to the dairy section.

## One More Tip

try에는 '노력하다'라는 뜻 외에 '시험 삼아 한번 시도해 보다'라는 뜻도 있어요.

**I try to read a lot.** 책을 많이 읽으려고 노력해요.

**I try to clean my house every day.** 집 청소를 매일 하려고 노력해요.

**I tried this for fun.** 이거 재미 삼아 한번 해 봤어.

**Try it. It's yummy.** 한번 먹어 봐. 맛있어.

# Let me see your homework.

숙제 한번 보자.

Let me see your homework.     숙제 한번 보자.

I haven't finished it yet.     아직 다 못 했어요.

When is it due?     기한이 언제까지야?

It's due tomorrow.     내일까지요.

Don't be a procrastinator!     꾸물거리면 안 돼!

It's too difficult.     숙제가 너무 어려워요.

I can't do it by myself.     혼자 못 하겠어요.

Do you need any help?     도움이 필요하니?

Yes, I can't solve these problems.     네, 이 문제들을 못 풀겠어요.

**Vocabulary & Chunk**

**let me see** ~을 보자

**be due** 기한이 되다

**by oneself** 혼자서

**Haven't finished yet** 아직 끝내지 못했다

**be a procrastinator** 꾸물거리다

**need help** 도움이 필요하다

## Useful Expressions

할 일을 미루지 마.      Don't put off your work.

오늘은 숙제 없어요.      I don't have any homework today.

벌써 숙제 끝냈어요.      I've already finished my homework.

이건 헷갈려요.      This is confusing.

이게 무슨 뜻인지 모르겠어요.      I don't understand what it means.

방금 숙제 끝냈어요.      I have just finished my homework.

숙제하는 것 좀 도와줄래요?      Can you help me with my homework?

**One More Tip**

아이가 숙제를 제때 잘했을 때 부모가 주는 보상(Rewards)

**You can invite your friends over.** 친구 초대하도록 해 줄게.

**You can watch TV for an hour.** 1시간 동안 TV 봐도 돼.

**You can have a later bed time.** 조금 늦게 자도 돼.

**You can add 5 minutes to your homework break.** 숙제 쉬는 시간 5분 더 줄게.

# 28 Are you doing your homework?

숙제하고 있니?

| | | |
|---|---|---|
| 🧑‍🦰 | Are you doing your homework? | 숙제하고 있니? |
| 👦 | I'm almost done. | 거의 다 했어요. |
| 🧑‍🦰 | Let me see. | 한번 보자. |
| | 2 times 7 is 14. | 2 곱하기 7는 14야. |
| 👦 | It's a little confusing. | 조금 헷갈려요. |
| 🧑‍🦰 | 10 divided by 2? | 10을 2로 나누면? |
| 👦 | It's 5! | 5예요. |
| 🧑‍🦰 | There you go! Great job! | 그렇지! 잘했어! |
| 👦 | I'm all done now. | 이제 다 했어요. |

## Vocabulary & Chunk

**do one's homework** 숙제를 하다
**2 times 7** 2 곱하기 7
**10 divided by 2** 10을 2로 나누면

**be almost done** 거의 다 했다
**confusing** 헷갈리는
**there you go** 그렇지, 잘했어

## Useful Expressions

10 빼기 무엇을 해야 2가 되지?　Ten minus what equals two?

5 곱하기 얼마를 해야 20이 되지?　Five times what equals 20?

10 빼기 2는 뭐지?　What's 10 minus 2?

맞았어(정답이야).　You got it right.

전혀 모르겠어요.　I feel stuck.

숙제하기가 너무 힘들어요.　It's so hard to do my homework.

이 문제의 답이 뭐예요?　What's the answer for this?

## One More Tip

영어로 사칙 연산 말하기

**Four plus six is ten.**　　4 더하기 6은 10.
**Seven minus two is five.**　　7 빼기 2는 5.
**Four times five is twenty.**　　4 곱하기 5는 20.
**Eight divided by two is four.**　　8 나누기 2는 4.

## 영어 단어의 뉘앙스 차이

### 1) fun과 funny: 재미있는

fun은 '재미있는/즐거운'이라는 뜻이지만 funny는 '웃기는/유머가 있는'이라는 뜻입니다. funny는 가끔 상황에 따라 '이상한'이라는 뉘앙스로 쓰일 때도 있어요.

How was the party? 파티는 어땠어?

It was fun. 재미있었어.

It was funny. (×)

### 2) look for와 find: 찾다

look for는 찾는 과정에 초점이 맞춰져 있어서 주로 진행 시제와 함께 쓰입니다. 반면 find는 결과에 중점을 두고 있어서 진행 시제보다는 현재 시제나 과거 시제로 많이 쓰여요.

I'm looking for my glasses. 안경을 찾고 있어.

I was looking for you. 널 찾고 있었어.

I can't find my glasses. 안경을 못 찾겠어.

I found you! 찾았다!

### 3) believe와 trust: 믿다

believe는 '어떤 신념을 받아들이다'라는 뜻에 가깝습니다. 반면 trust는 '사람이나 정황을 믿고 신뢰한다'라는 뉘앙스가 있어요.

I believe in God. 난 신의 존재를 믿어.

I trust him. 난 그를 신뢰해.

## 4) You had better와 should: 권유/제안의 의미

had better는 교과서상으로는 '~하는 것이 낫겠어'라는 권유/제안의 의미지만 실제로는 '경고'의 뉘앙스가 더 강해요. 일반적으로 제안을 나타낼 때는 should로 말합니다.

You'd better behave. 얌전히 행동하는 게 좋을 거야. (경고의 뉘앙스)

You'd better do it now. 지금 하는 것이 좋을 거야. (경고의 뉘앙스)

You should behave. 얌전하게 행동해야 해. (제안의 뉘앙스)

You should do it now. 지금 해야 해. (제안의 뉘앙스)

## 5) heart와 mind: 마음

둘 다 마음을 의미하지만 heart는 '감정'에 더 가깝고 mind는 '이성', '생각'에 더 가까워요.

She has a warm heart. 그녀는 따뜻한 마음씨를 가졌어.

She has a creative mind. 그녀는 창의성이 뛰어나.

## 6) house와 home: 집

house는 '사람이 사는 집'으로 물리적인 건물을 뜻합니다. 반면 home은 그 집에 사는 사람이 소속감과 안정감을 느끼고 있는 '가정'의 뉘앙스에 더 가까워요.

They live in a big house. 그들은 큰 집에서 살고 있어.

I'll go home and rest. 집에 가서 쉴 거야.

# Mom, when's Dad coming home?

엄마, 아빠는 언제 오세요?

Mom, when's Dad coming home? · 엄마, 아빠는 언제 오세요?

He went on a business trip. · 출장 가셨단다.

Can I video-call him? · 아빠에게 영상 통화 걸어도 돼요?

Sure. Use my phone. · 물론이지. 내 폰을 써.

Dad, we miss you! · (전화로) 아빠, 보고 싶어요!

When are you coming home? · 집에 언제 오세요?

I'm coming back home tomorrow. · 내일 집에 도착할 거야.

Hope you have a good time, Dad. · 좋은 시간 보내세요, 아빠.

I will. I'll get you some souvenirs. · 그럴게. 기념품 사 줄게.

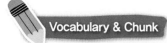

**go on a business trip** 출장 가다      **video-call** 영상 통화하다

**miss** 보고 싶다

**hope you have a good time** 좋은 시간 보내길 바라다

**souvenir** 기념품

## Useful Expressions

| | |
|---|---|
| 아빠가 너무 보고 싶어요. | I miss Dad so much. |
| 벌써 문자 (메시지) 보냈어요. | I texted him already. |
| 그는 야근 중이야. | He's working overtime. |
| 그는 아직도 회의 중이세요? | Is he still in a meeting? |
| 오는 길에 쿠키 좀 사 와요. | Pick up some cookies on your way. |
| 아빠가 일찍 왔으면 좋겠어요. | I want Dad to come home early. |
| 아빠를 빨리 보고 싶어요. | I can't wait to see Dad. |

**One More Tip**

be + ~ing의 시제

'be + ~ing'는 '지금 ~하고 있다'라는 뜻과 함께, 가까운 미래에 '~할 것이다'라는 미래, 예정의 뜻도 나타내요.

**I'm having breakfast.** 난 아침을 먹고 있어.

**I'm leaving tomorrow.** 난 내일 떠날 예정이야.

# I'll take out the trash.

쓰레기를 내다 버릴게요.

Honey, I'll take out the trash.     여보, 쓰레기를 내다 버릴게요.

I will do some chores inside.     저는 집안일 좀 할게요.

Mom, the clothes are still damp.     엄마, 옷이 아직 축축해요.

Let them dry, honey.     옷이 마르도록 두자.

Did you take a shower?     샤워는 했니?

Not yet.     아직 안 했어요.

There are some packages for us.     우리에게 택배가 왔네.

Can I open them?     제가 열어 봐도 돼요?

Go ahead, honey!     그렇게 하렴!

**take out the trash** 쓰레기를 버리러 나가다     **do chores** 집안일을 하다

**damp** 축축한                                  **take a shower** 샤워하다

**package** 택배                             **can I open~?** ~을 열어 봐도 될까요?

**go ahead** 그렇게 해

## Useful Expressions

야식 먹고 싶어.                   I want late night snacks.

차를 너무 많이 마시지 마.         Don't drink too much tea.

카페인 때문에 잠이 안 오네.       The caffeine keeps me awake.

저녁 먹고 나서 바로 양치하렴.      Brush your teeth right after dinner.

거품 목욕할래요.                 I want a bubble bath.

같이 영화 봐도 돼요?           Can we see a movie together?

샤워해도 돼요?                   Can I take a shower?

**One More Tip**

미국인들도 빨랫줄에다 빨래를 널까요?

미국인들은 세탁기에 빨래를 하고 건조기로 세탁물을 말리는 것이 일반화되어 있어요. 그래서 미국 가정에는 빨래 건조대나 빨랫줄이 설치되어 있는 경우가 드물답니다.

# Can you read this book for me?
이 책 읽어 줄래요?

Can you read this book for me? | 이 책 읽어 줄래요?

Sure. "Once upon a time." | 그럼. "옛날 옛적에."

Sorry for yawning. | 하품해서 미안해요.

I'm too sleepy. | 너무 졸려요.

I will sing you a lullaby. | 자장가 불러 줄게.

Can I sleep in tomorrow? | 내일 늦잠 자도 돼요?

Sure. There's no school tomorrow. | 물론이지. 내일 학교 안 가잖아.

Sleep tight, Mom. | 엄마, 잘 자요.

Sweet dreams, honey! | 좋은 꿈 꾸렴, 우리 아기!

**once upon a time** 옛날 옛적에

**sleepy** 졸린

**sleep in** 늦잠 자다

**sleep tight** 잘 자

**yawn** 하품하다

**sing a lullaby** 자장가를 부르다

**there's no school** 학교 수업이 없다

**sweet dreams** 좋은 꿈 꿔

## Useful Expressions

| | | |
|---|---|---|
|  | 잠잘 시간이야. | It's time for bed. |
| | 이불 똑바로 덮어 줄게. | Let me tuck you in. |
| | 잠 설치지 말고 푹 자. | Don't let the bed bugs bite. |
| | 잘 자렴. | Have a good night. |
| | 모기 물렸어요. | I got a mosquito bite. |
| | 계속 하품이 나와요. | I keep yawning. |
| | 아직 잠이 안 와요. | I can't sleep yet. |

**One More Tip**

잠잘 때 하는 인사 표현

'잘 자'를 영어로는 '(Have a) Good night,' 'Sleep tight,' 'Have a good sleep,' 'Have a good night's sleep,' 'Night night'라고 해요. '좋은 꿈 꿔'를 영어로 'Have a sweet dream'이라고도 하지요.

# 32 Are you ready for bed?

잠자리에 들 준비됐니?

Are you ready for bed? | 잠자리에 들 준비됐니?

I want a piggyback ride, Mom. | 엄마, 업어 주세요.

It's way past your bedtime. | 잘 시간이 한참 지났네.

I'll put your brother to sleep first. | 동생 먼저 재울게.

Okay, Mom. | 알았어요, 엄마.

You should keep quiet. | 조용히 해야 해.

Okay. Can I keep the light on? | 알았어요. 불 켜 놔도 돼요?

Yes, honey! Go lie down. | 그래! 가서 누우렴.

I'll go potty before I go to bed. | 자기 전에 화장실 다녀올게요.

**ready for bed** 잘 준비가 된

**way past one's bedtime** 잘 시간이 한참 지난

**keep quiet** 조용히 하다

**go lie down** 가서 누워라

**go potty(=go to the bathroom)** 소변을 보다, 화장실에 가다

**piggyback ride** 업어 주기

**put A to sleep** A를 재우다

**keep the light on** 불을 켜 두다

## Useful Expressions

내일 일찍 일어나거라.
You need to wake up early tomorrow.

자기 전에 화장실 다녀오렴.
Use the bathroom before you go to bed.

네가 어제 잠꼬대를 했단다.
You were sleep-talking last night.

자기 전에 불 끄렴.
Turn off the light before you go to bed.

아빠가 코를 골고 있어요.
Dad is snoring.

어제 소파에서 잠이 들었어요.
I fell asleep on the couch last night.

지금 화장실 가고 싶어요.
I need to go to the bathroom now.

**One More Tip**

'화장실 가다'는 영어로 뭐라고 할까요?

변기는 도자기와 비슷한 원리로 만들어집니다. 따라서 pot을 '내용물을 담는 항아리'와 연관 지어 생각할 수 있겠지요. '화장실에서 용변을 보다'라는 직접적인 표현보다 'Go potty'를 사용하는데, 이는 '화장실을 사용하다'는 의미로 주로 아이들에게 쓰는 완곡한 표현입니다. '화장실을 가다'의 또 다른 영어 표현은 'Use the bathroom'이에요. 'Time to go potty', 즉 '화장실 갈 시간이야'라는 표현도 자주 사용되지요.

# 문화 차이로 무심코 저지르는 실수와 유의할 점

문화권마다 문화와 관습에서 차이가 발생하므로 다른 문화권에 속한 사람과 의사소통할 때는 그런 차이에 유의해야 합니다. 특정 문화권에서 통용되는 관습을 잘 숙지하지 않은 상태로 상호작용을 하다 보면 자칫 상대에게 부정적으로 비칠 수 있기 때문이죠. 문화적 차이로 인해 한국인들이 무심코 하게 되는 행동 중 미국과 같은 영미권에서 유의해야 할 것은 무엇이 있을까요?

**첫째, 모르는 사람에게도 가벼운 미소나 눈인사, 혹은 "Hi"와 같은 짧은 인사를 해 주세요.**

한국 사람들은 평소 아는 사람끼리만 인사를 주고받지만 영미권에서는 모르는 사람과도 눈이 마주치거나 같은 공간에 있게 되면 가볍게 인사를 합니다. 성별이나 지위에 구애받지 않는 수평적인 언어와 정서를 가지기 때문에 굳이 깍듯하게 인사하지 않아도 됩니다. 가볍게 미소를 지어 주거나 "Hi!", "Good morning!"과 같이 짧게 인사해 주세요. 만약 공식적인 자리에서 처음 만나는 사람이 악수를 청할 때는 'firm handshake', 즉 '손을 꽉 잡고 악수'를 하면 됩니다.

**둘째, 칭찬을 받을 때 "아닙니다"를 그대로 번역하여 "No~"라고 반복적으로 반박하지 마세요.**

한국적인 정서로는 남이 하는 칭찬을 부정하는 것이 겸손한 자세로 받아들여집니다. 그 자리에서 바로 "맞아요"라고 인정하거나 "고맙습니다"라고 말하면 철없고 눈치 없는 사람으로 보일 수 있지요. 특히 한국 사람들은 여럿이 있는 경우 칭찬받는 상황 자체를 꺼립니다. 여러 사람의 주목을 받는 것을 부담스럽게 여기기 때문이지요. 하지만 영미권에서는 상대가 칭찬을 할 때 "No"라고 자꾸 반복하면 부정적인 사람으로 낙인찍힐 수 있어요. 가끔 친근함의 표시로 칭찬을 하기도 하는데 계속해서 반박하면 은근한 거절감을 느낄 수도 있답니다. 누군가가 칭찬할 땐 "Thank you" 한마디로 충분합니다. 원래 영미권 문화에서는 상대의 긍정적 면모를 그 자리에서 있는 그대로 칭찬하는 경향이 있습니다. 그러므로 "Thank you"라는 표현 자체도 칭찬의 내용을 수긍한다기보다는 칭찬하는 사람의 긍정적인 노력에 감사를 표하는 의미이기도 합니다.

**셋째, 상대에게 무조건 맞장구치기보다는 반대 의견도 표현해 주세요.**

동양권 문화에서는 상대의 면전에서 반박하는 것을 어려워하는데, 상대방이 윗사람일수록 더욱 그렇습니다. 하지만 영미권 문화에서는 매번 동의하고 찬성만 하면 오히려 더 이상하게 볼 수도 있어요. 자신만의 확신이 없이 기계적으로 상대에게 순응하는 사람처럼 보여지기 때문입니다. 영미권에서는 아이들이 어릴 때부터 매번 모든 것에 수긍하지 않고 비판적 사고(Critical Thinking)를 할 수 있도록 교육합니다. 무조건적인 수용보다는 필요할 땐 자신의 주장을 펼치며 반대할 줄도 아는 사람이 오히려 더 차별화된 능력을 갖췄다고 여겨지기 마련입니다.

**넷째, 길거리, 지하철, 엘리베이터 등 공공장소에서 매너를 지켜 주세요.**

한국인들은 길거리에서 타인과 살짝 부딪혔을 때, 부딪힌 정도가 심하지 않다고 판단하면 가벼운 사과도 없이 그냥 지나치는 경우가 있습니다. 반면 영미권에서는 거리에서 아주 가볍게 스쳤을 때도 "Excuse me(실례합니다)" 하고 말하고, 좁은 거리를 두고 누군가를 지나가야 할 때 굳이 부딪히지 않더라도 "Excuse me(실례하겠습니다)"라고 말합니다. 대화 중 트림 혹은 재채기가 나왔을 때도 "Oh, I'm sorry" 혹은 "Excuse me"라고 말해요. 인구 밀도가 높은 뉴욕, 시카고 같은 대도시에서는 어느 정도 무질서함이 있을 수도 있지만 도심지를 벗어날수록 이러한 사소한 매너가 매우 중요해집니다. 또한 지하철, 엘리베이터를 탈 때는 내리는 사람이 다 내린 후 탑승해 주세요. 뒷사람까지 들어올 수 있도록 문을 잡아 주는 것과 같은 소소한 행동은 권장 사항이라기보다는 기본적인 매너입니다.

영미 문화권 사람들과 대화할 때는 그 문화권의 비언어적 소통법을 익히는 것도 대단히 중요합니다. 언어 자체뿐 아니라 상대의 문화를 제대로 이해해야 성공적인 대화가 완성될 수 있겠죠.

# PART 4.
# Talk for Special Occasions & Places

# Here is your passport.

네 여권이 여기 있네.

| | |
|---|---|
| Here is your passport. | 네 여권이 여기 있네. |
| I'm so excited! | 정말 신나요! |
| Me, too. | 나도 그래. |
| Keep your mask on. | 마스크 계속 쓰렴. |
| Okay. I'm a little hungry. | 알았어요. 지금 배가 좀 고파요. |
| The meal will be served in an hour. | 1시간 뒤에 기내식이 제공될 거야. |
| I wonder what the menu is. | 어떤 음식이 나올지 궁금해요. |
| It will be meat or fish. | 고기 아니면 생선 요리일 거야. |
| I want meat. | 저는 고기가 좋아요. |

## Vocabulary & Chunk

**passport** 여권

**keep one's mask on** 마스크를 계속 쓰다

**in an hour** 1시간 후에

**wonder what the menu is** 메뉴가 뭔지 궁금하다

**excited** 신난

**be served** (음식이) 제공되다

## Useful Expressions

| 손 소독하렴. | Use the hand sanitizer. |
| 네 가방을 좌석 아래에 두거라. | Keep your bag under your seat. |
| 조용히 말해야지. | Keep it down, honey. |
| 10분 후에 착륙할 거야. | We'll be landing in 10 minutes. |
| 너의 탑승권은 여기 있어. | Here is your boarding pass. |
| 담요 하나 더 주실래요? | Can I have an extra blanket? |
| 화장실 가고 싶어요. | I need to go to the restroom. |

## One More Tip

공항과 관련한 표현

departure gate(출발 게이트), arrival gate(도착 게이트), domestic flight(국내선), international flight(국제선), check-in counter(체크인 카운터), information center(안내 센터), money exchange office(환전소), immigration(출입국 심사), customs(세관), baggage claim(수하물 수취소), connecting flight(연결 비행편)

# 34 Can I take a picture here?

여기서 사진 찍어도 돼요?

We're finally here.      드디어 다 왔네.

That was a long flight.      긴 비행이었어요.

Yeah. Let's go get the baggage.      그래. 가서 짐 가방 찾아오자.

Just a moment.      잠깐만요.

Can I take a picture here?      여기서 사진 찍어도 돼요?

Sure. Let's take a selfie!      물론이지. 같이 셀카 찍자!

Okay. Let's take a picture this way.      좋아요. 이쪽이 나오게 찍어요.

The baggage claim is over there.      짐 찾는 곳이 저기에 있네.

Our suitcase is right here.      우리 여행 가방이 바로 여기 있어요.

## Vocabulary & Chunk

**we're here** 다 왔다, 도착했다

**go get the baggage** 짐 가방 찾으러 가다

**take a selfie** 셀카 찍다

**suitcase** 여행 가방

**long flight** 긴 비행

**take a picture** 사진 찍다

**baggage claim** 짐 찾는 곳

## Useful Expressions

| | |
|---|---|
| 비행은 어땠어? | How was your flight? |
| 시차 적응이 안 되니? | Are you jet-lagged? |
| 3번 게이트가 어디 있지? | Where is Gate 3? |
| 셔틀버스가 오는구나. | Here comes the shuttle (bus). |
| 낯선 사람과 이야기하지 마. | Don't talk to strangers. |
| 긴 비행으로 피곤해요. | I'm tired from the long flight. |
| 저길 봐요! 제 가방 찾았어요. | Look! I found my suitcase. |

## One More Tip

사진을 찍을 때 유용한 표현

**That's a great pose!** 포즈 좋다!

**This is my favorite selfie pose.** 이게 내가 제일 좋아하는 셀카 포즈야.

**Pose like a celebrity.** 연예인처럼 포즈를 취해 봐.

**You'll get a hundred "likes" on Instagram.** 인스타그램에서 '좋아요'를 100개는 받을 거야.

**Say Cheese!** "치즈"라고 해 봐!

# Happy birthday, honey!

생일 축하해!

| | |
|---|---|
| Happy birthday, honey! | 생일 축하해! |
| Thanks. | 고마워요. |
| Make a wish and blow out the candles. | 소원 빌고 촛불 끄렴. |
| I did. | 했어요. |
| This is a birthday present for you. | 이건 네 생일 선물이란다. |
| Thank you. Can I open it now? | 고마워요. 지금 열어 봐도 돼요? |
| Sure! Go ahead and open it. | 물론이지! 어서 열어 봐. |
| I've always wanted this Lego set! | 이 레고 세트 항상 갖고 싶었어요! |
| You're the best, Mom! | 엄마가 최고예요! |

## Vocabulary & Chunk

**make a wish** 소원을 빌다     **blow out the candles** 촛불을 끄다

**birthday present** 생일 선물    **go ahead and open it** 어서 열어 봐

**have always wanted** 항상 갖고 싶어 하다 **be the best** 최고다

## Useful Expressions

내 생일이 기다려져요.     I'm looking forward to my birthday.

생일 선물로 뭘 갖고 싶니?    What do you want for your birthday?

생일 선물로 드론을 갖고 싶어요.  I want a drone for my birthday.

아빠 생신은 언제죠?     When is Dad's birthday?

이번 주 토요일이 아빠 생신이야.  This Saturday is Dad's birthday.

생일 축하 노래를 함께 불러요.  Let's sing 'Happy Birthday.'

생일에 친구를 초대해도 돼요?  Can I invite my friends for my birthday?

### One More Tip

영미권에서 인기 있는 생일 파티 테마

**All Pink Party/All Blue Party** 장식과 의상을 분홍색/파란색의 한 색깔로 통일한 파티

**Disney Party** 생일 주인공이 가장 좋아하는 디즈니 영화를 테마로 하는 파티

**Barbie Party** 바비 인형을 장식하고 의상을 착용하는 파티

**Pajama Party/Sleepover Party** 잠옷을 입고 친구 집에서 자는 파티

**Sweet 16 Party** 16세가 되는 생일을 더 특별하게 축하하는 파티

# Sharing is caring!

같이 나눠 써야 착한 아이지!

| | |
|---|---|
| It's mine! | 내 거야! |
| Don't touch it! | 만지지 마! |
| I want to play with it, too. | 나도 갖고 놀고 싶어. |
| Stop fake crying. | 가짜로 우는 척하지 마. |
| Sharing is caring! | 같이 나눠 써야 착한 아이지! |
| Then, let's take turns. | 그럼, 차례로 하자. |
| There you go! | 그게 좋겠어! |
| Can I play games on your phone? | 엄마 폰으로 게임해도 돼요? |
| Ten minutes only. | 10분 만이야. |

## Vocabulary & Chunk

**play with** ~을 가지고 놀다

**sharing is caring** 나누는 것이 배려하는 것이다

**there you go** 그렇지, 잘했어

**play games on one's phone** ~의 폰으로 게임하다

**fake crying** 가짜로 울기, 우는 척하기

**take turns** 차례로 하다

## Useful Expressions

말싸움 그만해.　　Stop arguing.

때리지 말고 말로 해야지.　　Use your words, not your hands.

네가 먼저 사과하렴.　　You need to say sorry first.

왜 화가 나는지 말해 주렴.　　Tell me why you're upset.

서로에게 잘 대해 주렴.　　Be nice to each other.

토니가 내 장난감을 빼앗아 갔어요.　　Tony took my toys.

지미가 자꾸 떼써요.　　Jimmy keeps whining.

## One More Tip

형제끼리 싸울 때 미국 부모가 하는 행동

**Step in when needed.** 필요할 때 개입한다.

**Make a time to talk.** 대화할 시간을 가진다.

**Apply consequences fairly.** 대가를 공평하게 치르도록 한다.

**Become a positive role model.** 긍정적인 롤모델이 된다.

**Monitor reactions.** 반응을 주의 깊게 살핀다.

# 37 Here's the menu.

메뉴는 여기 있어.

Here's the menu. 메뉴는 여기 있어.

Choose whatever you want, honey. 먹고 싶은 걸 고르렴.

I'll have cheese pasta. 치즈 파스타 먹을래요.

Do you want some Coke, too? 콜라도 마실래?

Yes, please. 그래요.

Sit right here and behave yourself. 여기 앉아서 얌전히 있으렴.

Okay. Can we get a box? 알겠어요. 남은 건 포장해 가도 돼요?

How about one more bite? 한 입만 더 먹으면 어때?

I'm too full. 너무 배불러요.

## Vocabulary & Chunk

**choose whatever you want** 원하는 건 뭐든 고르다

**sit right here** 바로 여기에 앉다      **behave yourself** 얌전히 행동하다

**get a box** (남은 음식 포장용) 상자를 얻다

**one more bite** 한 입만 더

## Useful Expressions

| 예약했어. | I made a reservation. |
| 목소리 좀 낮추렴. | Keep it down, honey. |
| 꼭꼭 씹어서 천천히 먹으렴. | Chew well and eat slowly. |
| 양이 너무 많아요. | This is too much. |
| 접시 하나 더 주시겠어요? | Can we get an extra plate? |
| 디저트 메뉴도 있어요? | Do they have a dessert menu? |
| 콜라 한 잔 더 마셔도 돼요? | Can I have one more glass of Coke? |

## One More Tip

식당에서 식사 예절을 가르칠 때 사용하는 표현

**Take small bites, honey.** 조금씩 먹으렴.

**Use your utensils and napkins.** (손 대신) 식기류와 냅킨을 사용하렴.

**Be polite.** 예의 바르게 행동하렴.

**Don't reach across the table.** 테이블에서 손을 뻗지 마. (대신 건네달라고 요청)

**Say "Excuse me" when you burp.** 트림을 하면 "실례합니다"라고 말하렴.

# 38 Fasten your seat belt!

안전벨트 매거라!

| | |
|---|---|
| 👩 Fasten your seat belt! | 안전벨트 매거라! |
| 👦 I did. Can we listen to music? | 했어요. 음악 들어도 돼요? |
| 👩 Sure! What kind of music? | 물론이지! 어떤 음악을 틀어 줄까? |
| 👦 How about 'Baby Shark'? | '아기 상어' 어때요? |
| 👩 Okay! I'll turn the AC on. | 알았어! 에어컨 틀게. |
| 👦 Can I sit in the front seat? | 앞 좌석에 앉아도 돼요? |
| 👩 Not this time. | 이번에는 안 돼. |
| Dad will sit in the front, okay? | 아빠가 앞에 앉으실 거야, 알았지? |
| 👦 Okay, Mom. | 알았어요, 엄마. |

**fasten one's seat belt** 안전벨트를 매다

**turn the AC on** 에어컨을 틀다

**sit in the front seat** 앞 좌석에 앉다

**what kind of** 어떤 (종류의)

**not this time** 이번에는 안 되다

## Useful Expressions

창문을 올리렴.

Roll up the window, honey.

문이 완전히 닫히지 않았어.

The door didn't close all the way.

안전벨트 매거라.

Buckle up.

창문 내려도 돼요?

Can I roll down the window?

히터가 켜져 있어요?

Is the heater on?

히터를 꺼 주세요.

Please turn off the heater.

에어컨을 최강으로 틀어 주세요.

Turn on the AC to maximum, please.

One More Tip

차를 탈 때 자주 하는 말

**Thanks for the ride.** 태워 주셔서 고마워요.

**We're almost there.** 거의 다 왔다.

**Sit still.** 가만히 앉아 있으렴.

# Tag your card on the reader!

리더기에 카드를 찍으렴!

Tag your card on the reader! — 리더기에 카드를 찍으렴!

I need to recharge my card. — 카드 충전해야 해요.

Here's a ten-thousand-won bill. — 여기 만 원짜리 지폐를 줄게.

I want to hold your hand. — 엄마 손 잡을래요.

Only three more stops. — 3개 역만 남았어.

Are we transferring to Line 3? — 3호선으로 갈아타요?

Yes, we are. — 그래.

Watch your step when you get off. — 내릴 때 발 조심해.

Okay, Mom. — 알았어요, 엄마.

**tag your card on the reader** 리더기에 카드를 찍어라

**recharge one's card** 카드를 충전하다     **bill** 지폐, 계산서

**hold one's hand** ~의 손을 잡다     **transfer to line 3** 3호선으로 갈아타다

**watch your step** 발걸음 조심해라     **get off** 내리다

## Useful Expressions

| 버스 정류장이 어디에 있나요? | Where's the bus stop? |
| 몇 번 버스를 타야 해요? | Which bus do we have to take? |
| 105번 버스를 타야 해. | We have to take the bus 105. |
| 엄마 무릎에 앉으렴. | Sit on my lap, honey. |
| 빈자리가 많아. | There're many empty seats. |
| 그곳은 3번 출구 근처에 있어. | It's near exit 3. |
| 목소리가 너무 크구나. | You're talking too loud. |

**One More Tip**

미국의 대중교통 시스템

뉴욕, 샌프란시스코, 시카고, 워싱턴 등 대도시를 제외한 미국 대부분의 지역에는 대중교통 시스템
이 정교하게 발달되지 않았어요. 대도시에 위치한 지하철 기본요금은 1.75~2.75달러 수준이고, 하
루 이용권과 한달 정기권을 구입하여 사용할 수 있어요. 미국인들이 선호하는 차량 호출 앱으로는
우버(Uber)와 리프트(Lyft)가 있답니다.

# Watch out for cars, honey!

차 조심해!

| | |
|---|---|
| 👩 Watch out for cars, honey! | 차 조심해! |
| 🧒 Let's cross the road. | 길 건너요. |
| 👩 It's a yellow light. | 노란불이야. |
| 🧒 It turned green. | 초록불로 바뀌었어요. |
| 👩 Wait until the cars stop. | 차들이 멈출 때까지 기다리렴. |
| 🧒 Okay. That car is honking loud. | 네. 저 차가 시끄럽게 경적을 울려요. |
| 👩 We don't have to run. | 뛰지 않아도 돼. |
| We still have 30 seconds. | 아직 30초 남았어. |
| 🧒 That's right. | 맞아요. |

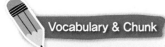

## Vocabulary & Chunk

**watch out for** ~을 조심하다

**turn green** 초록색으로 바뀌다

**honk loud** 시끄럽게 경적을 울리다

**don't have to** ~하지 않아도 된다, ~할 필요 없다

**cross the road** 길을 건너다

**until** ~까지

## Useful Expressions

거리가 사람들로 붐비는구나.　The street is crowded with people.

"실례합니다"라고 말하렴.　Say "Excuse me."

차가 이리로 오고 있어.　A car is coming this way.

오토바이를 조심해.　Watch out for motorcycles.

길을 건널 때는 좌우를 살펴라.　Look left and right when crossing the street.

차가 너무 많아요.　There's too much traffic.

재미있는 곳이에요!　What a fun place!

## One More Tip

길에서 안전 교육할 때 쓸 수 있는 표현

**Don't run ahead.** 앞서 뛰어가지 마.

**Walk on the sidewalk.** 인도로 걸으렴.

**Pay attention to signs on the road.** 도로 표지판을 잘 보렴.

**Pedestrians first!** 보행자가 먼저야!

**The stairs are slippery.** 계단이 미끄러워.

# 미국 명절과 기념일

● **Mother's Day(어머니의 날)**

한국에서는 매년 5월 8일을 '어버이날'로 지정하여 부모님께 동시에 감사함을 표합니다. 하지만 미국에서는 어머니의 날과 아버지의 날이 따로 있어요. 그중 어머니의 날은 'Mother's Day'라 하며 매년 5월 둘째 주 일요일에 지정됩니다. 어머니의 날은 영국에서 시작되었다고 해요. 18세기경 영국 부유층의 집사로 일했던 사람들이 한 번씩 집으로 돌아가 어머니와 함께 할 수 있는 '귀성 일요일(Mothering Sunday)'을 즐겼고, 이러한 전통이 이어져 어머니의 날이 되었습니다.

● **Father's Day(아버지의 날)**

'Father's Day(아버지의 날)'는 6월 셋째 주 일요일입니다. 소노라 스마트 도드(Sonora Smart Dodd)라는 인물이 미국의 아버지의 날 제정에 가장 큰 기여를 했습니다. 소노라의 어머니가 일찍 세상을 떠났기 때문에 남북전쟁 참전 군인이었던 그의 아버지가 소노라를 포함하여 다섯 명의 형제를 직접 키웠다고 합니다. 소노라는 그의 아버지가 돌아가신 후 자신이 다니던 교회에 아버지를 위한 추모 예배를 제안했어요. 그 후 일련의 과정을 거쳐 1972년 리처드 닉슨 대통령이 아버지의 날을 국가 기념일로 지정하면서 공식적인 기념일이 되었습니다.

● **Independence Day(독립 기념일)**

미국 독립 기념일은 미국이 영국으로부터 독립한 것을 기념하는 날입니다. 미국은 7월 4일을 'Independence Day(독립 기념일)'로 공식 지정했습니다. 이날은 미국의 독립이 공식적으로 승인된 날이 아니라 '미국 독립선언서'가 발표된 날이지요. 미국에서는 매년 독립 기념일마다 길거리에서 각종 흥미로운 퍼레이드를 펼치고 밤에는 불꽃놀이도 즐기며 독립을 기념합니다.

## ● Labor Day(노동절)

'Labor Day(노동절)'는 미국 연방 공휴일로서 9월 첫째 주 월요일로 지정되어 있습니다. 이날은 노동자들의 업적과 희생을 기념하는 날입니다. 미국인들에게는 통상적으로 9월 첫째 주 월요일을 기점으로 여름에서 가을로 계절이 바뀐다는 인식이 있는데요. 미국에서는 학생들의 여름방학이 끝나고 새로운 학기로 들어가기 전에 가족 단위로 여행을 하는 관습이 있습니다. 특히 미국은 새 학기가 9월 중에 시작하기 때문에 노동절 휴가의 의미가 한국과는 사뭇 다르답니다.

## ● Thanksgiving(추수 감사절)

미국에서 Thanksgiving(추수감사절)은 크리스마스와 더불어 최대 명절 중의 하나로, 11월 넷째 주 목요일입니다. 추수 감사절은 1620년경 아메리카 대륙에 정착한 영국의 청교도들이 신께 감사하는 의미로 칠면조를 잡아 예배를 드리던 것에서 유래했다고 합니다. 미국의 추수 감사절은 영국의 전통이었던 추수 행사에서 왔으며 1789년 11월 26일 조지 워싱턴 미국 대통령에 의해 국경일로 지정되었지요. 추수 감사절에 미국인들은 칠면조 요리, 그레이비를 곁들인 으깬 감자, 크랜베리 소스, 스터핑, 옥수수빵 등을 먹습니다.

## ● Halloween(핼러윈)

'Halloween(핼러윈)'은 10월 31일에 행해지는 영미권 행사로, 공식 휴일은 아니지만 미국의 대표적 문화 축제 중 하나로 자리 잡았습니다. 이날은 남녀노소 상관없이 공포심을 자극하는 의상을 입고 길에서 퍼레이드를 즐기거나, 집마다 노크하며 "Trick or Treat!"을 외칩니다. 한국말로 번역을 하자면 "사탕을 주지 않으면 장난칠 거예요"라는 뜻입니다. 또한 늙은 호박의 속을 파내고 눈, 코, 입 모양의 구멍을 조각해서 그 안에 초를 넣어 두는데 이것을 'Jack-O-Lantern'이라 해요. 핼러윈은 공포스러운 콘셉트를 내세우는 축제이므로 주로 밤에 모든 활동과 행사가 이루어집니다.

# ① 장소별 매너 교육

 **At the Table** (식탁에서)

- 입을 다물고 (음식을) 씹으렴.
  **Chew with your mouth closed.**

- 입에 음식이 있을 때는 말하면 안 돼.
  **Don't talk with your mouth full.**

- 후루룩 소리 내며 먹지 마.
  **Don't slurp.**

- 식탁에 팔꿈치 올리지 마.
  **Don't put your elbow on the table.**

- 휴대폰은 테이블에서 치워 두렴.
  **Keep your phone off the table.**

- 예의 바르게 행동하렴.
  **Use your manners.**

 **In Public Places** (공공장소에서)

- 새치기하면 안 돼.
  **It's not okay to cut in.**

- 다음 사람을 위해 문을 잡아 주렴.
  **Hold the door for the next person.**

- 너무 크게 이야기하지 마.
  **Don't talk too loud.**

- 'Please', 'Thank you', 'Sorry'를 붙여서 말하렴.
  **Say "Please," "Thank you," "Sorry."**

- 차례를 기다리렴.
  **Wait for your turn.**

- 기침을 할 때는 입을 가리렴.
  **Cover your mouth when you cough.**

##  At School (학교에서)

- 선생님께는 공손해라.

  **Be respectful to your teacher.**

- 친구들을 놀리지 마.

  **Don't make fun of your friends.**

- 상대가 말할 때 끼어들지 마.

  **Don't interrupt others.**

- 이기적으로 행동하지 마.

  **Don't be selfish.**

- 수업 중에 휴대폰을 사용하지 마.

  **Don't use your phone during class hours.**

- 복도에서 뛰지 마.

  **Don't run in the hallway.**

- 계단에서 앞 사람을 밀지 마.

  **Don't push the person in front of you on the stairs.**

- 교실에서 시끄럽게 하지 마.

  **Don't be loud in class.**

## On the Street (거리에서)

- 차 조심해.

  **Watch out for cars.**

- 초록불일 때 길을 건너거라.

  **Cross the street when it's green.**

- 길거리에 침을 뱉지 마.

  **Don't spit on the street.**

- 길 건너기 전에 신호등을 확인하렴.

  **Check the traffic lights before you cross the street.**

- 횡단보도에서 뛰지 마.

  **Don't run on the crosswalk.**

- 차들이 멈출 때까지 기다리렴.

  **Wait until the cars stop.**

 상황별 멘트

### 칭찬할 때 쓰는 말

- 잘했어!
  **Good! / Great job!**

- 잘했구나!
  **Nice work!**

- 멋져!
  **Awesome!**

- 훌륭해!
  **Excellent!**

- 장난 아니다!
  **Super!**

- 진짜로 잘했네!
  **You nailed it!**

- 완전히 이해했구나!
  **You got it!**

- 역시 우리 딸이야!
  **That's my girl!**

- 역시 우리 아들이야!
  **That's my boy!**

- 네가 해낼 걸 알고 있었어!
  **I knew you could do it!**

- 정말 잘하는구나!
  **You're really good at it!**

- 네가 자랑스러워!
  **I'm so proud of you!**

- 정말 재능이 있구나!
  **You're so talented(gifted)!**

- 두 손 엄지척!
  **Two thumbs up!**

- 진짜로 멋졌어!
  **That was incredible!**

- 지난번보다 훨씬 더 나았어!
  **That was so much better than the last time!**

### 🧑 훈계할 때 쓰는 말

- 그건 좋은 습관이 아니란다.

  **It's not a good habit.**

- 그건 생각도 하지 마.

  **Don't even think about it.**

- 이제 말대꾸는 그만!

  **No more talking back, honey!**

- 엄마가 뭐라고 했지?

  **What did I say?**

- 타임아웃(혼자 반성하는 시간)이 필요하구나.

  **You need a timeout.**

- 예의 없이 굴지 마!

  **Stop being disrespectful!**

- 진정하렴!

  **You need to calm down!**

- 무슨 생각이었니?

  **What were you thinking?**

- 뭐 때문에 그랬니?

  **What was that for?**

- 그건 허락할 수 없어!

  **It's not allowed!**

- 안 된다고 했어.

  **I said "No."**

- 그것(그릇된 행동)보다는 잘 알지 않니?

  **You know better than that?**

- 바깥출입 금지야.

  **You're grounded.**

- 지금 장난감 안 치우면 밖에서 놀 수 없을 거야.

  **If you don't pick up your toys now, you won't be able to play outside.**

- 네가 화난 걸 알지만 이건 옳지 않단다.

  **I know you're upset, but this is not okay.**

- 엄마는 이해해.
  **I understand.**

- 어떤 느낌인지 알아.
  **I know how you feel.**

- 동의해.
  **I agree.**

- 말이 되는구나!
  **That makes sense!**

- 알아. 그건 어렵지.
  **I know. That's tough.**

- 나는 너의 편이란다.
  **I'm on your side.**

- 엄마가 같이 있었다면 좋았을 텐데.
  **I wish I was there with you.**

- 그건 정말 상처가 되지!
  **That really hurts!**

- 화날 만하구나!
  **No wonder you're upset!**

- 나도 같은 느낌이었을 거야.
  **I'd feel the same way.**

- 불쌍한 우리 아들/딸.
  **Poor babe.**

- 상처가 되었겠구나.
  **That must have hurt.**

- 네가 할 수 있는 건 다 했어.
  **You did everything you could.**

- 험난한 하루를 보냈다니 마음이 아프다.
  **I'm sorry you had a rough day.**

- 네가 참 놀랐겠네.
  **You must have been so surprised.**

- 난 널 믿어.
  **I have faith in you.**

- 너 자신을 믿으렴.
  **Believe in yourself.**

- 넌 극복해 내는 사람이야.
  **You're an overcomer.**

- 넌 할 수 있어!
  **You can do it!**

- 내가 항상 널 위해 여기 있어!
  **I'm always here for you!**

- 넌 강한 사람이란다!
  **You're strong!**

- 너무 걱정하지 마!
  **Don't worry too much!**

- 난 널 응원해.
  **I'm rooting for you.**

- 넌 혼자가 아니야.
  **You're not alone, honey.**

- 아빠와 엄마는 널 무조건적으로 사랑해.
  **Dad and I love you unconditionally.**

- 자책하지 마.
  **Stop beating yourself up.**

- 천 리 길도 한 걸음부터야.
  **A journey starts with one step.**

- 너무 늦은 건 없어.
  **It's never too late.**

- 한 번만 더 시도해 보자.
  **Let's try one more time.**

- 완벽할 필요는 없단다.
  **You don't have to be perfect.**

# 3 장소별 자주 쓰는 말

 **놀이공원**

- 티켓값이 얼마지?
  **How much is the ticket?**

- 아동 특별 할인이 있네.
  **They offer special discounts for children.**

- 가장 좋아하는 놀이기구가 뭐야?
  **What's your favorite ride?**

- 바이킹 타 봐야겠다.
  **I want to try Viking ship ride.**

- 줄 서서 기다리자.
  **Let's wait in line.**

- 동물원 가 볼래?
  **Do you want to go to the zoo?**

- 동물에게 먹이를 줘도 돼.
  **You can feed the animals.**

- 안내방송을 잘 들어라.
  **Listen to the announcement carefully.**

- 키를 재 보자.
  **Let's measure your height.**

- 이것은 어른들만을 위한 거야.
  **This is only for adults.**

- 이것은 키가 130센티미터 이상인 사람만 탈 수 있어.
  **This is only for those who are over 130 centimeters tall.**

- 같이 회전목마 타자.
  **Let's ride the merry-go-round together.**

- 너무 무서워서 롤러코스터는 못 타겠다.
  **I'm too scared to ride the roller coaster.**

### 마트/백화점

- 가서 카트 가져오자.
  **Let's go get the cart.**

- 치약을 사야 해.
  **We need to buy toothpaste.**

- 그것은 7번 구역에 있어.
  **It's in aisle 7.**

- 유통기한을 확인해 봐.
  **Check the expiration date.**

- 그것은 신선해 보여.
  **It looks fresh.**

- 어느 것으로 살래?
  **Which one do you want?**

- 얘야, 이건 이미 갖고 있잖니.
  **Honey, we already have this.**

- 차 안에 내 지갑을 두고 내렸어.
  **I left my wallet in the car.**

- 추가 할인을 20%나 해 주는구나.
  **They offer an extra 20% off.**

- 두 개를 사면 하나를 더 주는 거야.
  **It's "Buy 2, Get 1 Free."**

- 이건 1+1이야.
  **It's "Buy 1, Get 1 Free."**

- 이번에는 세일을 놓치지 않을 거야.
  **I won't miss the great deals this time.**

- 저지방 우유는 어디에 있지?
  **Where can I find low-fat milk?**

● 메인 디시로 무엇을 먹을까?

**Which main dish do you want?**

● 수저와 젓가락은 테이블 아래 서랍 속에 있어.

**Spoons and chopsticks are in the drawer under the table.**

● (뛰지 말고) 걸어 다니렴.

**Use your walking feet.**

● 음식으로 장난치면 안 돼.

**Don't play with your food.**

● 남겨도 돼.

**You don't have to finish it.**

● 음식 맛은 어떠니?

**How do you like your food?**

● 냅킨으로 닦으렴.

**Use your napkin, honey.**

● 샐러드 하나 더 시킬까?

**Should we order one more salad?**

● 슬슬 배가 부르네.

**I'm getting full.**

● 내가 쏠게.

**It's my treat.**

● 디저트는 뭘로 먹을까?

**What do you want for dessert?**

● 메뉴판에서 원하는 걸 골라 봐.

**Choose what you want from the menu.**

● 음료는 뭘로 할래?

**What would you like to drink?**

- 아들/딸에게 백신을 맞히러 왔어요.
  **I'm here to get him/her vaccinated.**

- 아들/딸의 정기 검진을 받으러 왔어요.
  **I'm here for my son's/ daughter's regular check-up.**

- 몇 시에 문 열죠?
  **What time do you open?**

- 몇 시에 문 닫죠?
  **What time do you close?**

- (진료) 예약하고 싶어요.
  **I'd like to make an appointment.**

- 예약 없이 방문해도 되나요?
  **Do you take walk-ins?**

- 양식 작성할게요.
  **I'll fill out the form.**

- 여기 제 아들/딸의 주민등록번호예요.
  **Here's my son's/daughter's social security number.**

- 발목을 삐끗했어요.
  **He/She has sprained his/her ankle.**

- 한 시간 전에 진통제를 복용했어요.
  **He/She took painkillers an hour ago.**

- 땅콩 알레르기가 있어요.
  **He/She is allergic to peanuts.**

# 4 생활영어 문장 패턴 익히기

## I'm a little ~
### 난 조금 ~해

- **I'm a little tired.**
  나는 조금 피곤해.

- **I'm a little hungry.**
  나는 조금 배가 고파.

- **I'm a little shy.**
  나는 조금 부끄러워.

- **I'm a little thirsty.**
  나는 조금 목말라.

- **I'm a little upset.**
  나는 조금 화났어.

- **I'm a little short.**
  나는 조금 키가 작아.

- **I'm a little overweight.**
  나는 조금 과체중이야.

- **I'm a little out of it.**
  나는 조금 정신이 없어.

- **I'm a little nervous.**
  나는 조금 긴장돼.

- **I'm a little worried.**
  나는 조금 걱정돼.

## I'm + ~ing
### ~하고 있어요 (현재 진행)

- **I'm getting dressed.**
  옷 입고 있어요.

- **I'm doing homework.**
  숙제하고 있어요.

- **I'm cleaning my room.**
  방 청소하고 있어요.

- **I'm watching TV.**
  텔레비전 보고 있어요.

- **I'm taking a shower.**
  샤워하고 있어요.

- **I'm playing with my toys.**
  장난감 갖고 놀고 있어요.

- **I'm listening to music.**
  음악을 듣고 있어요.

- **I'm calling my friend.**
  친구에게 전화 걸고 있어요.

- **I'm getting ready for school.**
  학교 갈 준비하고 있어요.

- **I'm washing my hands.**
  손 씻고 있어요.

## Are you + 형용사
### ~이니? (상태를 묻는 말)

- **Are you happy?**
  기분 좋니?

- **Are you tired?**
  피곤하니?

- **Are you okay?**
  괜찮니?

- **Are you busy?**
  바쁘니?

- **Are you hungry?**
  배고프니?

- **Are you thirsty?**
  목마르니?

- **Are you ready?**
  준비됐니?

- **Are you serious?**
  진심이니?

- **Are you sure?**
  확실하니?

- **Are you sick?**
  아프니?

## You're good at ~
### ~을 잘하는구나

- **You're good at sports.**
  운동을 잘하는구나.

- **You're good at singing.**
  노래를 잘하는구나.

- **You're good at math.**
  수학을 잘하는구나.

- **You're good at playing the piano.**
  피아노를 잘 치는구나.

- **You're good at speaking English.**
  영어로 말을 잘하는구나.

- **You're good at swimming.**
  수영을 잘하는구나.

- **You're good at reading the map.**
  지도를 잘 보는구나.

- **You're good at drawing.**
  그림을 잘 그리는구나.

- **You're good at making things.**
  만들기를 잘하는구나.

- **You're good at making friends.**
  친구를 잘 사귀는구나.

## Do you + 동사원형
~하니?

- **Do you like it?**
  그거 맘에 드니?

- **Do you agree?**
  동의하니?

- **Do you think so?**
  그렇게 생각하니?

- **Do you want this?**
  이걸 원하니?

- **Do you use this?**
  이거 사용하니?

- **Do you like math?**
  수학을 좋아하니?

- **Do you play outside after lunch?**
  점심 먹고 밖에 나가서 노니?

- **Do you get along with your friends?**
  친구들과 사이좋게 지내니?

- **Do you have school tomorrow?**
  내일 학교 가니?

- **Do you miss your grandparents?**
  할아버지와 할머니가 보고 싶니?

## Did you + 동사원형
~했니?

- **Did you wash your face?**
  세수했니?

- **Did you brush your teeth?**
  양치했니?

- **Did you clean your room?**
  방 청소했니?

- **Did you do your homework?**
  숙제했니?

- **Did you sleep well?**
  잘 잤니?

- **Did you have lunch?**
  점심 먹었니?

- **Did you have fun?**
  재미있었니?

- **Did you make new friends?**
  새로운 친구들을 사귀었니?

- **Did you do this by yourself?**
  이걸 혼자 다 했니?

- **Did you miss me?**
  엄마 보고 싶었니?

## Let's + 동사원형
~하자

- **Let's go outside.**
  밖에 나가자.

- **Let's have dinner.**
  저녁 먹자.

- **Let's eat out.**
  외식하자.

- **Let's cross the road.**
  길 건너자.

- **Let's sit here.**
  여기 앉자.

- **Let's wait here.**
  여기서 기다리자.

- **Let's clean up.**
  청소하자.

- **Let's try this.**
  이걸로 해 보자.

- **Let's call Dad.**
  아빠한테 전화하자.

- **Let's visit Grandma.**
  할머니 댁에 가자.

## It's time to + 동사원형
~할 시간이야

- **It's time to wake up.**
  일어날 시간이야.

- **It's time to eat breakfast.**
  아침 먹을 시간이야.

- **It's time to go to bed.**
  잠잘 시간이야.

- **It's time to go to school.**
  학교 갈 시간이야.

- **It's time to do your homework.**
  숙제할 시간이야.

- **It's time to go home.**
  집에 갈 시간이야.

- **It's time to clean up.**
  청소할 시간이야.

- **It's time to take your medicine.**
  약 먹을 시간이야.

- **It's time to say goodbye.**
  (헤어질 때) 작별 인사할 시간이야.

- **It's time to take a shower.**
  샤워할 시간이야.

## You should + 동사원형
### ~해야 해 (의무)

- **You should be careful.**
  조심해야 돼.

- **You should be nice to people.**
  사람들에게 상냥하게 대해야 돼.

- **You should be respectful.**
  공손해야 해.

- **You should be patient.**
  참아야 해. / 인내심을 가져야 해.

- **You should finish your food.**
  음식을 다 먹어야 해.

- **You should wait here.**
  여기서 기다려야 해.

- **You should listen first.**
  먼저 남의 말을 경청해야 해.

- **You should clean your room.**
  너의 방을 청소해야 해.

- **You should do this first.**
  이것부터 해야 해.

- **You should wait for your turn.**
  네 차례를 기다려야 해.

## It's too + 형용사
### 너무 ~해

- **It's too big.**
  너무 커.

- **It's too small.**
  너무 작아.

- **It's too loud.**
  너무 시끄러워.

- **It's too hot.**
  너무 뜨거워/더워.

- **It's too cold.**
  너무 차가워/추워.

- **It's too spicy.**
  너무 매워.

- **It's too heavy.**
  너무 무거워.

- **It's too dirty.**
  너무 더러워.

- **It's too dark.**
  너무 어두워.

- **It's too short.**
  너무 짧아.

## Don't + 동사원형
~하지 마

- **Don't run here.**
  여기서 뛰지 마.

- **Don't throw it.**
  던지지 마.

- **Don't touch it.**
  만지지 마.

- **Don't go there.**
  거긴 가지 마.

- **Don't interrupt.**
  대화 중간에 끼어들지 마.

- **Don't say that.**
  그런 말은 하는 거 아니야.

- **Don't be rude.**
  무례하게 굴지 마.

- **Don't push others.**
  다른 사람들을 밀지 마.

- **Don't stare at people.**
  사람들을 빤히 보지 마.

- **Don't yell at your sister.**
  언니/누나/여동생한테 소리 지르지 마.

## What time ~?
몇 시에

- **What time did you wake up?**
  몇 시에 일어났어?

- **What time do you finish school?**
  학교 몇 시에 마치니?

- **What time do you go swimming?**
  몇 시에 수영 가니?

- **What time did you have a snack?**
  몇 시에 간식 먹었니?

- **What time does the school bus come?**
  스쿨버스가 몇 시에 오지?

- **What time did you go to bed?**
  몇 시에 잤어?

- **What time is Sujin coming over?**
  수진이는 몇 시에 놀러 오니?

- **What time does the movie start?**
  영화가 몇 시에 시작하지?

- **What time is your piano lesson?**
  피아노 레슨이 몇 시지?

- **What time are you leaving?**
  몇 시에 떠나니?

## When is ~?
### ~은 언제니?

- **When is the school picnic?**
  학교 소풍은 언제니?

- **When is the school field trip?**
  학교 현장 학습은 언제니?

- **When is Grandma's birthday?**
  할머니 생신은 언제인가요?

- **When is Halloween?**
  핼러윈은 언제인가요?

- **When is the violin lesson?**
  바이올린 레슨은 언제 있어요?

- **When is Thanksgiving Day?**
  추수 감사절은 언제인가요?

- **When is your wedding anniversary?**
  결혼기념일이 언제인가요?

- **When is Parents' Day?**
  어버이날은 언제인가요?

- **When is Teachers' Day?**
  스승의 날은 언제인가요?

- **When is Labor Day?**
  노동절은 언제인가요?

## Where is/are ~?
### ~은 어디에 있나요?

- **Where is my pencil case?**
  내 필통이 어디에 있나요?

- **Where is my hat?**
  내 모자는 어디에 있나요?

- **Where is the remote?**
  리모컨은 어디에 있나요?

- **Where is my phone?**
  내 폰은 어디에 있나요?

- **Where is your bag?**
  너의 가방은 어디에 있니?

- **Where are my gloves?**
  내 장갑은 어디에 있나요?

- **Where are my socks?**
  내 양말은 어디에 있나요?

- **Where are your glasses?**
  너의 안경은 어디에 있니?

- **Where are my jeans?**
  내 청바지가 어디에 있나요?

- **Where are your friends?**
  너의 친구들은 어디에 있니?

- **Here are your books.**
  너의 책 여기 있어.

- **Here are your pants.**
  너의 바지 여기 있어.

- **Here are your glasses.**
  너의 안경 여기 있어.

- **Here are your boots.**
  너의 장화 여기 있어.

## Here is/are ~?
### ~은 여기 있어

- **Here is the menu.**
  여기에 메뉴가 있어.

- **Here is your bag.**
  너의 가방 여기 있어.

- **Here is your passport.**
  너의 여권 여기 있어.

- **Here is your phone.**
  너의 휴대폰 여기 있어.

- **Here is your pencil case.**
  너의 필통 여기 있어.

- **Here are your socks.**
  너의 양말 여기 있어.

## Why are you ~?
### 넌 왜 ~하니?

- **Why are you sad?**
  왜 슬프니?

- **Why are you laughing?**
  왜 웃어?

- **Why are you upset?**
  왜 화가 났어?

- **Why are you crying?**
  왜 우는 거니?

- **Why are you so shy?**
  왜 그렇게 수줍어하니?

- **Why are you not interested?**
  왜 관심이 없니?

- **Why are you acting like this?**
  왜 이렇게 행동하니?

- **Why are you so excited?**
  왜 그렇게 신이 났니?

- **Why are you feeling that way?**
  왜 그런 기분이 들까?

- **Why are you so mean to your brother?**
  왜 형/오빠/남동생에게 못되게 구는 거야?

## Why don't you + 동사원형
~하는 게 어때?

- **Why don't you do your homework now?**
  지금 숙제하는 게 어때?

- **Why don't you take the dog for a walk?**
  강아지를 산책시키는 게 어때?

- **Why don't you order delivery food?**
  배달 음식을 주문하는 게 어때?

- **Why don't you clean your room yourself?**
  너의 방을 직접 청소하는 게 어때?

- **Why don't you go get your mask?**
  가서 마스크를 가져오는 게 어때?

- **Why don't you get changed?**
  옷을 갈아입는 게 어때?

- **Why don't you wash your hands?**
  손을 씻는 게 어때?

- **Why don't you put on your helmet?**
  헬멧을 쓰는 게 어때?

- **Why don't you try this hat on?**
  이 모자를 써 보는 게 어때?

- **Why don't you put sunscreen on your face?**
  얼굴에 선크림을 바르는 게 어때?

## How about ~ing
~하는 게 어때?

- **How about washing your hands first?**
  먼저 손을 씻는 게 어때?

- **How about watching a movie?**
  영화 보는 게 어때?

- **How about going for a walk?**
  산책하러 가는 게 어때?

- **How about making a fruit smoothie together?**
  함께 과일 스무디를 만드는 게 어때?

- **How about taking a picture over there?**
  저기에서 사진 찍는 게 어때?

- **How about playing the piano together?**
  함께 피아노를 치는 게 어때?

- **How about going grocery shopping together?**
  함께 장 보러 가는 게 어때?

- **How about eating out?**
  외식하러 나가는 게 어때?

- **How about buying some cereal?**
  시리얼을 사는 게 어때?

- **How about listening to music?**
  음악을 듣는 게 어때?

## How was ~?
### ~은 어땠니?

- **How was your day?**
  오늘 학교에서 어땠니?

- **How was school today?**
  오늘 학교에서 어땠니?

- **How was your school field trip?**
  학교 현장 학습은 어땠니?

- **How was the movie?**
  그 영화는 어땠니?

- **How was the concert?**
  음악회는 어땠니?

- **How was Mary's birthday party?**
  메리의 생일 파티는 어땠니?

- **How was your trip?**
  여행은 어땠니?

- **How was your business trip?**
  출장 어땠어요?

- **How was your weekend**
  주말은 어땠어요?

- **How was your vacation?**
  휴가는 어땠어요?

## Do you want to + 동사원형
### ~하고 싶니?

- **Do you want to make tuna sandwiches?**
  참치 샌드위치를 만들고 싶니?

- **Do you want to take a nap?**
  낮잠 자고 싶니?

- **Do you want to play outside?**
  밖에서 놀고 싶니?

- **Do you want to watch a movie?**
  영화 보고 싶니?

- **Do you want to try this dress on?**
  이 원피스를 입어 보고 싶니?

- **Do you want to play the piano?**
  피아노 치고 싶니?

- **Do you want to drink some lemonade?**
  레모네이드 마시고 싶니?

- **Do you want to rest?**
  쉬고 싶니?

- **Do you want to read the book?**
  그 책을 읽고 싶니?

- **Do you want to go swimming?**
  수영하러 가고 싶니?

## Can I + 동사원형
### ~해도 되나요?

- **Can I take a picture here?**
  여기에서 사진 찍어도 되나요?

- **Can I use your phone?**
  폰을 써도 되나요?

- **Can I use your pen?**
  펜을 써도 되나요?

- **Can I have some cookies?**
  쿠키를 먹어도 되나요?

- **Can I buy some Coke?**
  콜라를 사도 되나요?

- **Can I take this umbrella?**
  이 우산을 가져가도 되나요?

- **Can I bring my friends home and play?**
  집에 친구를 데려와서 놀아도 되나요?

- **Can I open the window?**
  창문을 열어도 되나요?

- **Can I take off my mask here?**
  여기에서 마스크를 벗어도 되나요?

- **Can I watch TV?**
  TV를 봐도 되나요?

## Shall we + 동사원형
~할까?

- **Shall we listen to music?**
  음악 들을까?

- **Shall we make egg sandwiches?**
  에그 샌드위치 만들까?

- **Shall we clean up the house?**
  집 청소할까?

- **Shall we eat out for dinner?**
  저녁에 외식할까?

- **Shall we go shopping?**
  쇼핑하러 갈까?

- **Shall we make a snowman?**
  눈사람 만들까?

- **Shall we go to the amusement park?**
  놀이동산에 갈까?

- **Shall we visit Grandpa?**
  할아버지를 찾아뵐까?

- **Shall we go to the beach?**
  해변에 갈까?

- **Shall we go to the movies?**
  영화 보러 갈까?

## I need to + 동사원형
~해야 한다

- **I need to go to the restroom.**
  화장실 가야 해요.

- **I need to get changed.**
  옷을 갈아입어야 해요.

- **I need to wear sunglasses.**
  선글라스를 껴야 해요.

- **I need to wash my hands.**
  손을 씻어야 해요.

- **I need to drink some water.**
  물을 마셔야 해요.

- **I need to feed my dog.**
  강아지에게 먹이를 줘야 해요.

- **I need to walk my dog.**
  강아지를 산책시켜야 해요.

- **I need to put on my mask.**
  마스크를 써야 해요.

- **I need to take a shower.**
  샤워를 해야 해요.

- **I need to buy a present for my friend.**
  친구에게 선물을 사 줘야 해요.

## I will + 동사원형
### ~할게요

- **I will take out the trash.**
  쓰레기를 내다 버릴게요.

- **I will help you do the dishes.**
  설거지를 도울게요.

- **I will vacuum the floor.**
  바닥에 청소기를 돌릴게요.

- **I will open the window.**
  창문을 열게요.

- **I will feed the dog.**
  강아지에게 먹이를 줄게요.

- **I will clean my room.**
  제 방을 청소할게요.

- **I will pick up my toys.**
  장난감을 치울게요.

- **I will do my homework.**
  숙제를 할게요.

- **I will wash my face and brush my teeth.**
  세수하고 양치할게요.

- **I will turn off the TV.**
  TV 끌게요.

## You look + 형용사
### ~해 보여

- **You look happy.**
  기분이 좋아 보여.

- **You look sad.**
  슬퍼 보이는구나.

- **You look upset.**
  화나 보이는구나.

- **You look tired.**
  피곤해 보여.

- **You look great!**
  멋져 보여!

- **You look stressed.**
  스트레스가 심해 보이는구나.

- **You look worried.**
  걱정이 있어 보여.

- **You look down.**
  우울해 보여.

- **You look disappointed.**
  실망한 것 같구나.

- **You look like a princess!**
  공주님 같아 보여!

## It's + 날
~날이야

- **It's Valentine's Day today.**
  오늘은 밸런타인데이야.

- **It's Mom and Dad's wedding anniversary today.**
  오늘은 엄마, 아빠의 결혼기념일이야.

- **It's Parents' Day today.**
  오늘은 어버이날이야.

- **It's Teachers' Day today.**
  오늘은 스승의 날이야.

- **It's Labor Day today.**
  오늘은 노동절이야.

- **It's Memorial Day today.**
  오늘은 현충일이야.

- **It's Independence Day today.**
  오늘은 독립 기념일이야.

- **It's Christmas today.**
  오늘은 크리스마스 날이야.

- **It's Buddha's Birthday today.**
  오늘은 부처님 오신 날이야.

- **It's Grandma's 70th birthday.**
  할머니 칠순 생신이셔.

## Stop + ~ing
그만 ~해라

- **Stop crying.**
  울음을 그치렴.

- **Stop watching TV.**
  텔레비전 그만 봐.

- **Stop complaining.**
  불평 그만해.

- **Stop whining.**
  그만 징징거려.

- **Stop talking back.**
  말대꾸 그만해.

- **Stop lying.**
  거짓말 그만해.

- **Stop making excuses.**
  변명 그만해.

- **Stop touching it.**
  그만 만져.

- **Stop running around.**
  그만 뛰어다녀.

- **Stop bugging your sister.**
  언니/누나/여동생을 그만 괴롭혀.

## I want + 명사
### ~을 원해요

- **I want this one.**
  이걸로 하고 싶어요.

- **I want some orange juice.**
  오렌지주스 마실래요.

- **I want cereal for breakfast.**
  아침으로 시리얼 먹을래요.

- **I want a sandwich for lunch.**
  점심으로 샌드위치 먹을래요.

- **I want pizza for dinner.**
  저녁으로 피자 먹고 싶어요.

- **I want doughnuts for a snack.**
  간식으로 도넛 먹고 싶어요.

- **I want ice cream for dessert.**
  디저트로 아이스크림 먹고 싶어요.

- **I want a pink dress for my birthday.**
  생일 선물로 핑크색 원피스 갖고 싶어요.

- **I want the toy for Christmas.**
  크리스마스에 그 장난감을 갖고 싶어요.

- **I want a little sister.**
  여동생이 있으면 좋겠어요.

## Can you + 동사
### ~할 수 있니?

- **Can you sing?**
  노래 부를 수 있니?

- **Can you guess?**
  알아맞혀 볼래?

- **Can you sit still?**
  가만히 앉아 있을 수 있니?

- **Can you help me?**
  도와줄 수 있니?

- **Can you open the door?**
  문 열어 줄래?

- **Can you close the window?**
  창문 좀 닫아 줄래?

- **Can you hold this?**
  이것 좀 잡아 줄래?

- **Can you wait for me?**
  기다려 줄래?

- **Can you show me how to do it?**
  어떻게 하는 건지 보여 줄래?

- **Can you speak quietly?**
  조용히 이야기할 수 있겠니?

## I tried to + 동사원형
### ~하려고 (노력)했어요

- **I tried to call Dad.**
  아빠한테 전화하려고 했어요.

- **I tried to do it myself.**
  혼자서 해 보려고 했어요.

- **I tried to find it myself.**
  혼자서 찾아보려고 했어요.

- **I tried to move this.**
  이것을 옮겨 보려고 했어요.

- **I tried to write it down.**
  받아 적어 보려고 했어요.

- **I tried to do my best.**
  최선을 다하려고 노력했어요.

- **I tried to sleep early last night.**
  어젯밤에 일찍 자려고 했어요.

- **I tried to be nice to Jenny.**
  제니에게 잘해 주려고 했어요.

- **I tried to finish homework.**
  숙제를 다 끝내 보려고 했어요.

- **I tried to get up at 6 in the morning.**
  아침 6시에 일어나려고 했어요.

Foreign Copyright:
Joonwon Lee
Address: 3F, 127, Yanghwa-ro, Mapo-gu, Seoul, Republic of Korea
3rd Floor
Telephone: 82-2-3142-4151, 82-10-4624-6629
E-mail: jwlee@cyber.co.kr

Let's talk talk

# 엄마표 생활영어

2023. 5. 12. 1판 1쇄 인쇄
**2023. 5. 24. 1판 1쇄 발행**

지은이 | 유명현, 박원주
펴낸이 | 이종춘
펴낸곳 | BM ㈜도서출판 성안당
주소 | 04032 서울시 마포구 양화로 127 첨단빌딩 3층(출판기획 R&D 센터)
      | 10881 경기도 파주시 문발로 112 파주 출판 문화도시(제작 및 물류)
전화 | 02) 3142-0036
     | 031) 950-6300
팩스 | 031) 955-0510
등록 | 1973. 2. 1. 제406-2005-000046호
출판사 홈페이지 | **www.cyber.co.kr**
ISBN | 978-89-315-5930-9 (13740)
**정가** | **16,000원**

### 이 책을 만든 사람들

기획 | 최옥현
진행 | 오영미
교정·교열 | 상:想 company
본문·표지 디자인 | 상:想 company
홍보 | 김계향, 유미나, 정단비, 김주승
국제부 | 이선민, 조혜란
마케팅 | 구본철, 차정욱, 오영일, 나진호, 강호묵
마케팅 지원 | 장상범
제작 | 김유석

■ 도서 A/S 안내

성안당에서 발행하는 모든 도서는 저자와 출판사, 그리고 독자가 함께 만들어 나갑니다.
좋은 책을 펴내기 위해 많은 노력을 기울이고 있습니다. 혹시라도 내용상의 오류나 오탈자 등이
발견되면 **"좋은 책은 나라의 보배"**로서 우리 모두가 함께 만들어 간다는 마음으로 연락주시기
바랍니다. 수정 보완하여 더 나은 책이 되도록 최선을 다하겠습니다.
성안당은 늘 독자 여러분들의 소중한 의견을 기다리고 있습니다. 좋은 의견을 보내주시는 분께는
성안당 쇼핑몰의 포인트(3,000포인트)를 적립해 드립니다.

잘못 만들어진 책이나 부록 등이 파손된 경우에는 교환해 드립니다.